Hand lettering

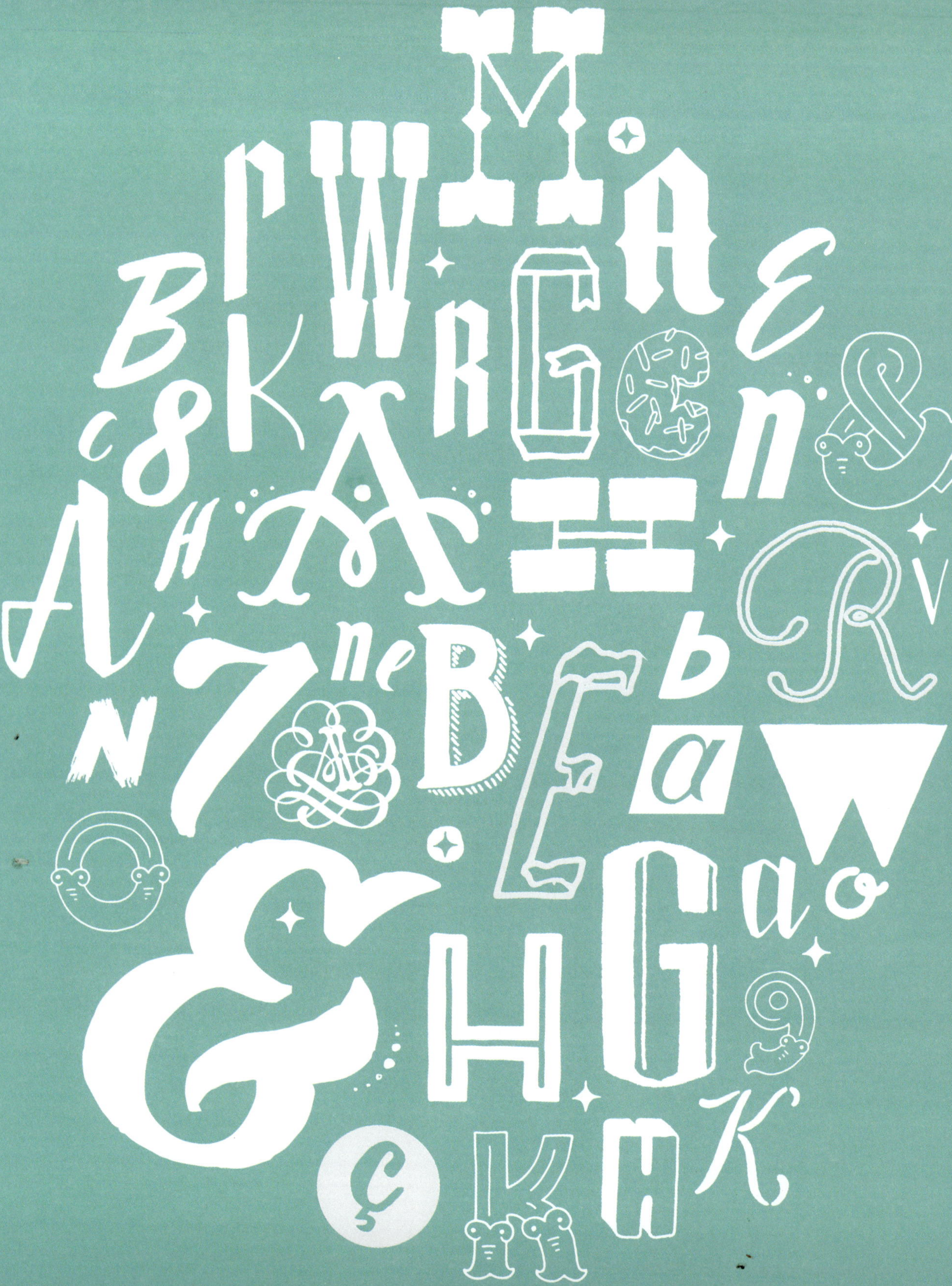

Hand lettering

HANDBUCH *mit*

50 KREATIVEN SCHRIFTEN

Thy Doan Graves

INHALT

6

Willkommen in meiner Welt

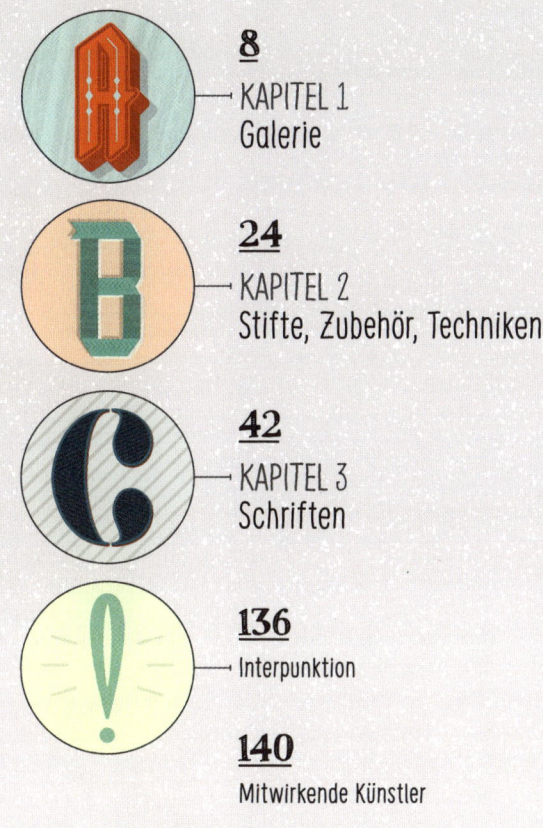

8

KAPITEL 1
Galerie

24

KAPITEL 2
Stifte, Zubehör, Techniken

42

KAPITEL 3
Schriften

136

Interpunktion

140

Mitwirkende Künstler

142

Register

144

Danksagung

Meine Zeit im Studio

Handlettering hat mich schon immer fasziniert. Allein die vielen Formen und Gestaltungsmöglichkeiten mit all ihren Schönheiten und Besonderheiten! Der Funke der Begeisterung sprang über, als ich vor Jahren in Utah in der Werbeabteilung einer örtlichen Bio-Supermarkt-kette tätig war. Von da an wurde mein Wunsch, mit neuen Medien und Materialien zu experimentieren, stetig größer. Über eine Internetplattform für Künstler vertreibe ich inzwischen eine eigene Produktlinie und habe schon zahlreiche Projekte für Kunden betreut – vom kleinsten Logo bis hin zu großen Wandbildern an Bürogebäuden. Auf der gegenüberliegenden Seite sind einige Beispiele meiner Arbeit zu sehen. Ich lebe heute als selbstständige Designerin in Boston und nutze Handlettering als ein wunderbar vielseitiges Werkzeug, das meiner Arbeit Persönlichkeit und Kreativität verleiht.

Meine Crew

In diesem Buch finden Sie viele verschiedene Schriften, mit denen Sie experimentieren können. Lassen Sie sich inspirieren! Es gibt Übungsseiten, auf denen Sie die dargestellten Schriften ausprobieren und so Ihren eigenen Stil entwickeln können. Seien Sie kreativ! Darüber hinaus finden Sie in diesem Buch viele wunderschöne Arbeiten anderer Lettering-Künstler, die diese freundlicherweise zur Verfügung gestellt haben. Ich hoffe, Sie werden auf der Reise zu Ihrem ganz persönlichen Handlettering-Stil ebenso viel Freude haben wie ich. Obwohl es Richtlinien für das Hand-lettering gibt, bietet es doch unendlich viel Spielraum für Flexibilität, sodass Sie sich voll und ganz entfalten können. Ich wünsche Ihnen viel Spaß dabei!

Thy

Arbeit und Spiel

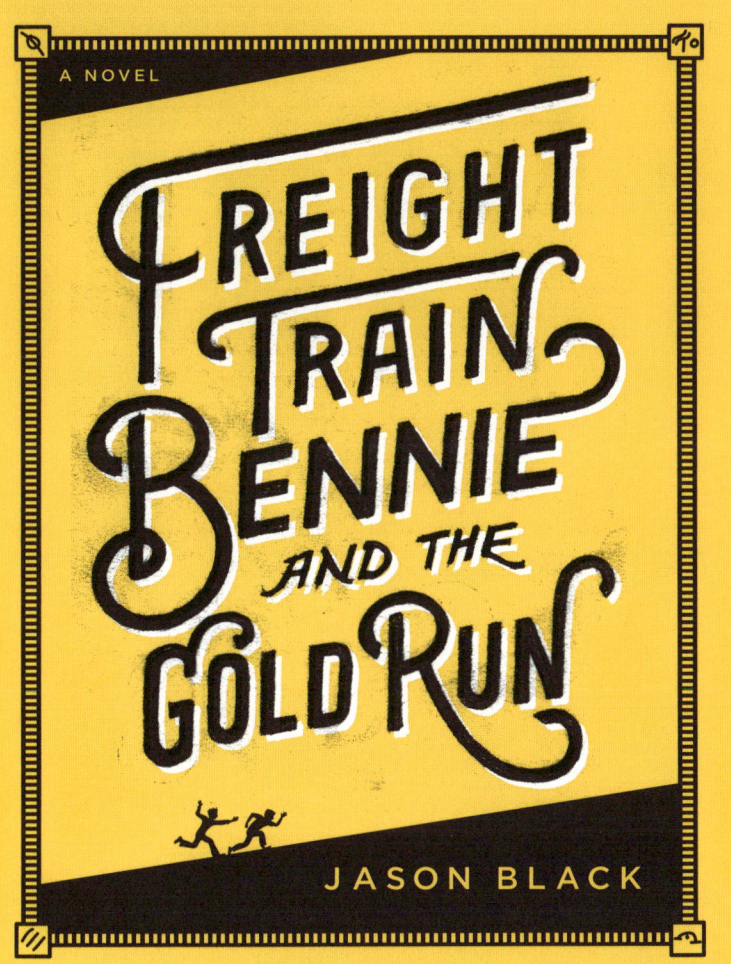

GALERIE

▲ *Map of London*, Olga Zakharova
(„Stadtplan von London")
Ein wunderschöner handgezeichneter Stadtplan, der
Illustration und Schriftkunst kombiniert, um Sehens-
würdigkeiten und Wahrzeichen in und um London dar-
zustellen. Bleistiftzeichnung, mit Fineliner intensiviert,
eingescannt und mit Adobe Illustrator fertiggestellt.

► *New York City*, Scott Biersack
Vektorisiertes, informelles Brush-
Script, mit der Scott Biersack seinen
Besuch in New York City ankündigte.
Ursprünglich von Hand mit Bleistift
gezeichnet und verfeinert, dann mit
Adobe Illustrator weiterbearbeitet.

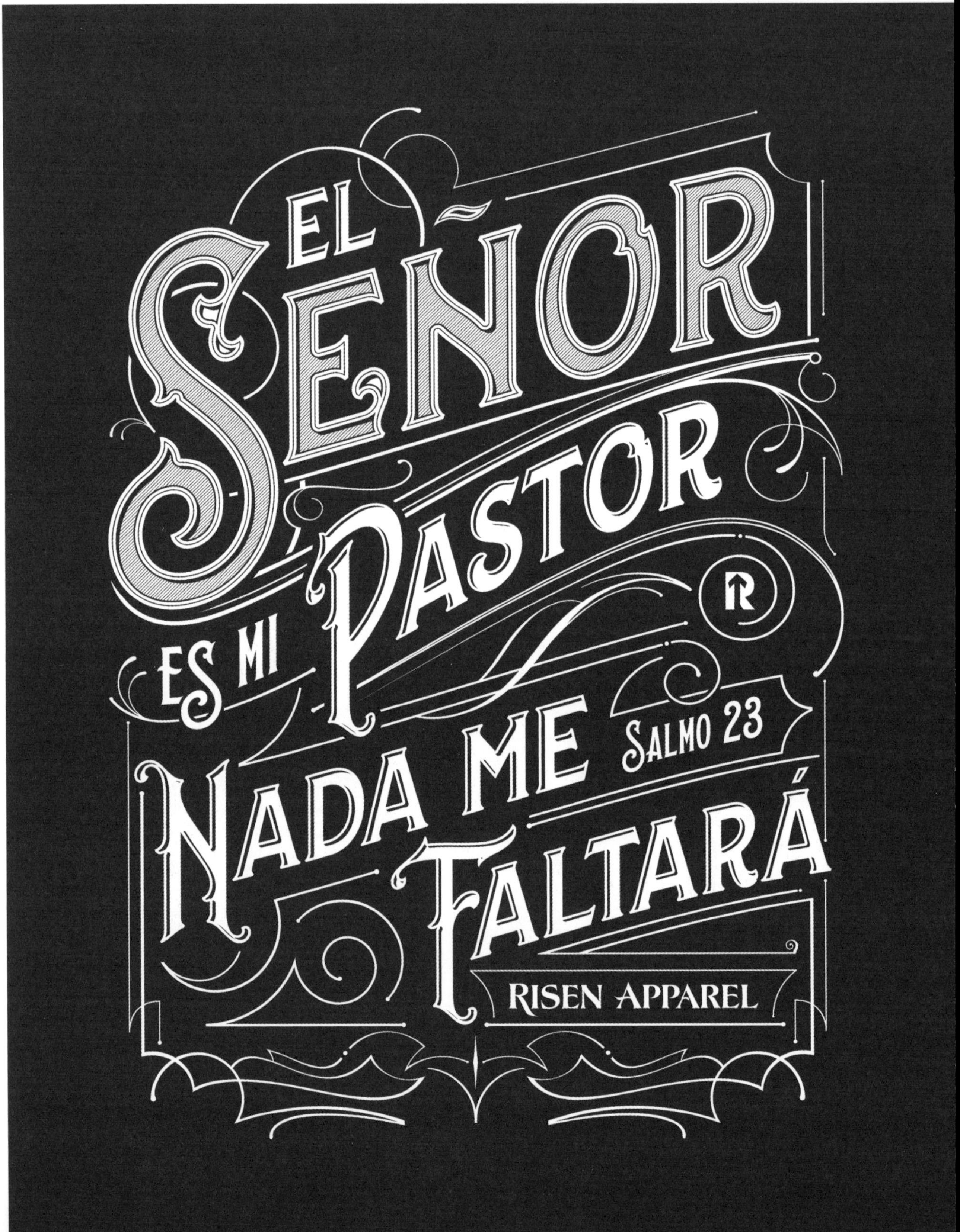
El Señor
es mi Pastor
Nada me faltará
Salmo 23
Risen Apparel

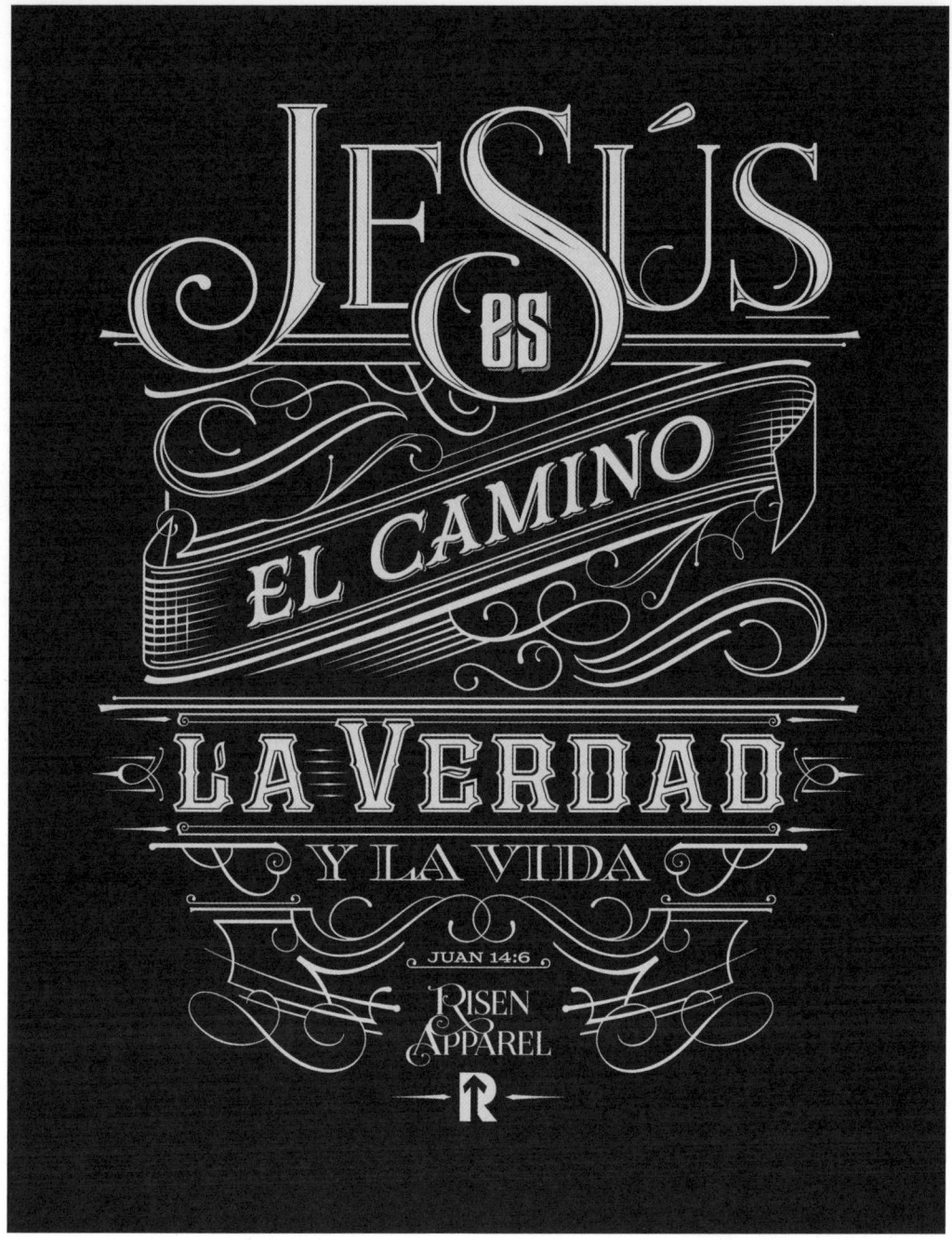

◄ *El Señor es mi Pastor*, Tomasz Biernat
(„Der Herr ist mein Hirte")
Ein Bibelvers, gestaltet nach alten Drucken,
Holzschnitten und verschnörkelten alten Bucheinbänden. Die kunstvollen Buchstaben erfordern
eine sehr präzise Linienführung.

▲ *Jesus es el Camino*, Tomasz Biernat
(„Jesus ist der Weg")
Dieser Bibelvers stammt aus einer
ähnlichen Serie. Die Schriften sind
von alten Gravuren und kunstvoll
gestalteten Bucheinbänden inspiriert.

► *Ampersand,* Martina Flor
(„Und-Zeichen")
Dieses hübsch verzierte Und-Zeichen ist
Teil einer Grußkarte, die als Urlaubs-
mitbringsel für Freunde und Kunden
entstand. Das fertige Kunstwerk
wurde in Goldflitter gedruckt.

▲ *El Bandarra,* Ivan Castro
Logotype, inspiriert von traditionellem
Vintage-Stil. Schriftzug einer
klassischen spanischen Wermutmarke,
aber auch anderer Getränkeflaschen.
Von Hand entworfen, mit Adobe
Illustrator digital weiterbearbeitet.

▲ *Viejóvenes,* Ivan Castro
(Name einer spanischen Comedy-Show)
Viktorianischer Schriftzug, inspiriert
von einem Plakat im alten Stil. Von
Hand entworfen, mit Adobe Illustrator
digital bearbeitet.

◄ *Iconic New York Taxi,*
Michael Mullen
Eine Spaßkarte, die New
York City zelebriert:
turbulent, pulsierend, mit
einem der typischen
gelben Taxis. Mit Photoshop
digital entworfen und mit
handgefertigten Texturen
aufbereitet.

► *Saltmine Theatre Thank
You Card,* **Emma Skerratt**
Eine Dankeskarte, in
Auftrag gegeben für die
Unterstatzer des Saltmine
Trust, einer gemeinnützi-
gen Organisation zur
Förderung kultureller
Veranstaltungen. Die
Karte wurde mit Tinte
geschrieben und digital
koloriert.

▲ *Compare and Despair*, Noah Camp
(„Vergleichen und Verzweifeln")
Dieser Schriftzug wurde eigentlich für eine
Mitteilung in einem privaten Blog entworfen.
Sie wurde zunächst mit Bleistift und Papier
gestaltet, dann eingescannt und mit Adobe
Illustrator und Photoshop fertiggestellt.

▲ *Harvest*, Erin Marlow
(„Ernte")
Aufwendig illustrierter Schriftzug, der vor
unseren Augen die Bedeutung des Wortes
förmlich zum Leben erweckt. Die üppige
Textur und die detaillierte Darstellung des
Laubs wurden mit Bleistift gestaltet.

THE · LOVE · OF · DRAWING · LETTERS

Handlettering

WORKSHOP

JOIN & ENJOY

▲ Handlettering Workshop, Petra Wöhrmann
Petra hat diesen Schriftzug als Ankündigung
für ihren eigenen Workshop entworfen und
verwendete dabei die Schriftarten und
-formen, die sie in diesem Workshop vorstellen
wollte. Darüber hinaus fügte sie schöne
Elemente aus der Alpenregion ein.

▲ Flourish, Diana Delosh
(„Aufblähen")
Sehr lebendiger und reich illustrierter Schriftzug,
der die Bedeutung des Wortes ebenso unterstreicht
wie den repräsentativen Charakter dieser Schrift-
art. Flourish wurde mit Fineliner auf Aquarellpapier
entworfen und dann mit transparenter farbiger
Tinte ausgestaltet.

A SHIP IS SAFE IN HARBOR BUT THAT'S NOT WHAT SHIPS ARE FOR

▲ *A Ship Is Safe in Harbor*, Jonelle Jones ("Im Hafen ist ein Schiff sicher ...") Inspiriert von der Überlegung "Dem Mutigen gehört die Welt", entstand diese hübsche Bleistiftzeichnung, die anschließend digitalisiert und als Fine-Art-Giclée-Druck fertiggestellt wurde.

► *Home Is Where You Park It*, Alexandra Snowdon ("Zuhause ist dort, wo du parkst") Der Aufdruck auf der Heckscheibe eines alten Campingbusses diente als Inspiration für dieses Werk, dem aufgrund der dekorativen Buchstaben und Illustrationen die Liebe zum Zuhause und seiner Geborgenheit anzumerken ist. Gestaltet mit Fallfederhalter, anschließend digitalisiert.

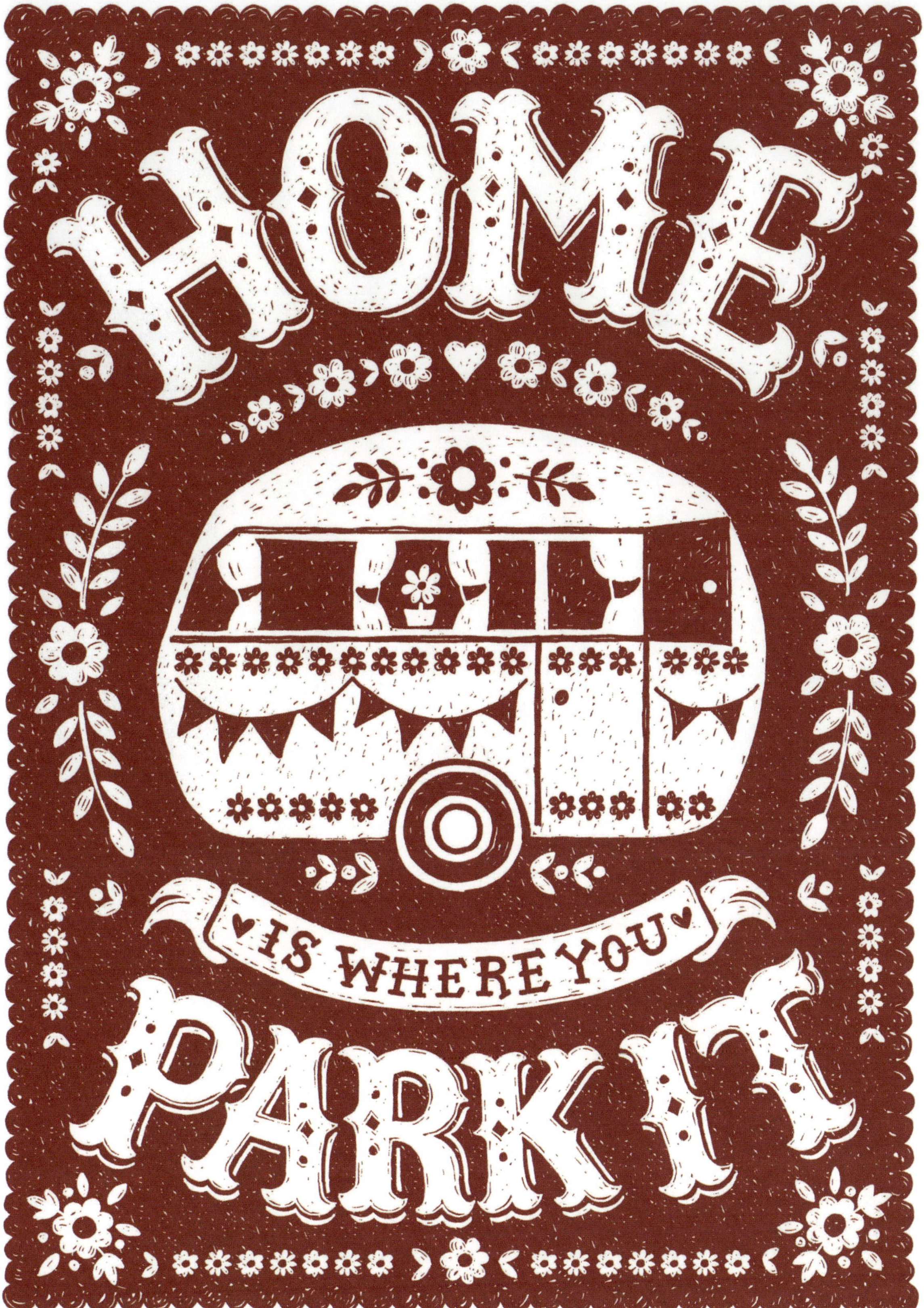
HOME
IS WHERE YOU
PARK IT

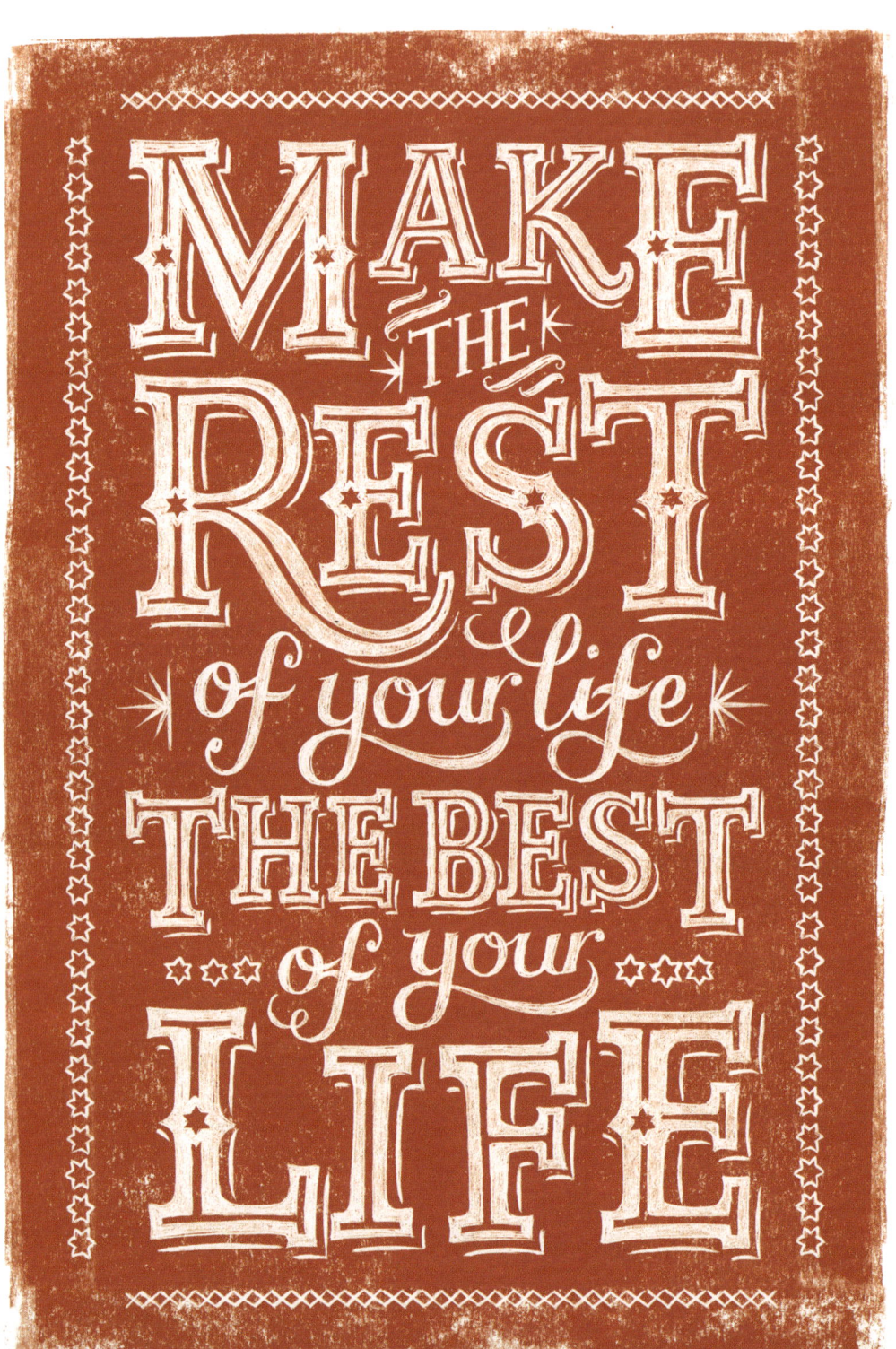

◄ *Make the Rest Of Your Life the Best of Your Life*, Alexandra Snowdon (‚Mache aus dem Rest deines Lebens das Beste deines Lebens')
Alexandra sah diese Worte auf einer Anzeigetafel vor einem Coffee-Shop und zeichnete sie mit Bleistift. Dann verfeinerte sie sie digital, um den Kreidetafel-Effekt zu erzielen.

► *Amazing World*, Olga Zakharova (‚Wunderbare Welt')
In diesem von der Liebe in Olgas eigenem Leben inspirierten Werk verbinden sich Illustration und Schriftkunst. Handgezeichnet mit Bleistift, mit Fineliner bearbeitet, eingescannt und mit Adobe Illustrator koloriert.

STIFTE, ZUBEHÖR, TECHNIKEN

WAS IST HANDLETTERING?

Offensichtlich besteht eine große Verwirrung darüber, was Handlettering eigentlich ist und was nicht. Manche Leute sehen sich meine Handlettering-Arbeiten an und sagen: „Ich liebe diesen Zeichensatz, den du da eingesetzt hast!" Das ist falsch, aber mir ist bewusst, dass sie es nicht besser wissen. Viele Leute denken, Kalligraphie, Typographie und Handlettering seien Synonyme, und verwenden die Begriffe willkürlich. Lassen Sie uns also zunächst eine Begriffsklärung vornehmen.

KALLIGRAPHIE

Kalligraphie ist die Kunst dekorativer Handschreibung mit Schwerpunkt auf der Tatsache, dass es sich um geschriebene Kunst handelt. Die Buchstaben werden mit sehr speziellen Stiften mit breiten Spitzen, mit Tintenschreibfedern oder Pinseln kunstvoll geformt. Es gibt wunderschöne Stilrichtungen, die alle sehr strukturierte Formen aufweisen, und das Gelingen der Buchstaben ist eine Sache kontinuierlicher Übung.

TYPOGRAPHIE

Typographie ist die Kunst des gedruckten Wortes. Sie beinhaltet Anordnung, Stil und Aussehen gedruckter Buchstaben. Sie ist bei Weitem die kalkulierbarste Form des geschriebenen Wortes, denn gute Lesbarkeit steht hier vorrangig im Fokus. Typographie dominiert alle Publikationen wie etwa gedruckte Bücher, Zeitschriften und Artikel.

HANDLETTERING

Hier kommt der Spaß ins Spiel, und einige Regeln werden aber Bord geworfen! Einfach gesagt: Handlettering ist die Kunst der gezeichneten Buchstaben. Sie können Buchstabenformen in beliebigen Stilen kreieren und so gestalten, dass sie dem gewünschten Zweck dienen. Sie folgen weniger vorgegebenen Schrifttypen oder kalligraphischen Gesichtspunkten. Hier werden durch Flexibilität und Unvollkommenheit spannende Resultate erzielt!

INSPIRATION FINDEN

Es gibt eigentlich keinen speziellen Ort, an dem ich nach Inspiration suche. Meine Liebe zu Flohmärkten mit antiken Gegenständen, zu Antiquariaten und Schallplattenläden sowie zu schönen Schriftzügen und originellem Verpackungsmaterial ist aber sicher ein ausschlaggebender Faktor. Mein Zuhause ist vollgestopft mit wunderschön beschrifteten Gegenständen, die ich über die Jahre gesammelt habe. Ich rege immer wieder dazu an, rauszugehen und dort Inspiration zu finden – besonders wenn Sie Gelegenheit haben, durch Städte zu schlendern, in denen es Schaufenster mit alten Schildern und Beschriftungen gibt.

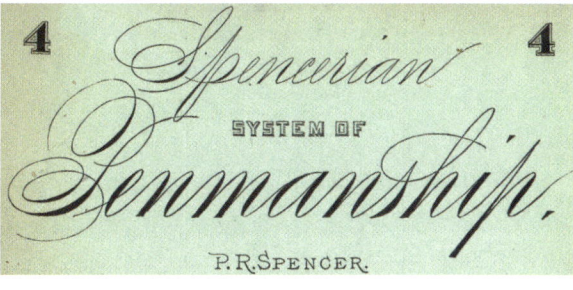

STIFTE UND ZUBEHÖR

Einer der vorteilhaften Aspekte des Handletterings ist die Tatsache, dass anfangs nicht besonders viel Zubehör benötigt wird. Mit der Zeit und der Erfahrung kann man nach und nach immer neue Materialien ausprobieren und die unterschiedlichen Resultate für sich bewerten. Bis dahin erläutere ich hier kurz die Minimalausstattung, mit der man sich ausrüsten sollte.

FÜLLFEDERHALTER

Es hängt von Ihrem Geschick und Ihrer Erfahrung ab, ob Sie grundsätzlich für alle Phasen Ihrer Arbeit einen Füllfederhalter verwenden oder ob Sie die Buchstaben vielleicht lieber zunächst mit einem Bleistift vorzeichnen und dann die Bleistiftlinien mit Tinte überschreiben.

Fineliner

Für die meisten Schriften in diesem Buch wurde ein Fineliner verwendet. Da die Buchstaben eher gezeichnet als geschrieben werden, ist es von Vorteil, sie mit dem Fineliner ganz nach Belieben breit oder schmal gestalten zu können. Fineliner sind auch hervorragend zum Konturieren oder zur Gestaltung komplizierter und feiner Details oder Ornamente geeignet.

Marker

Marker eignen sich sowohl für breite als auch für feine Striche, und wenn beide Stricharten zum Einsatz kommen, kann man mit Markern sehr schöne gebrochene Schriften gestalten.

Pinselstift

Pinselstifte werden meist für schöne Brush-Script-Schriftarten verwendet.

BLEISTIFT

Ich liebe das Gefühl, wenn ein Bleistift über das Papier gleitet. Ich benutze Bleistifte beim Skizzieren und Experimentieren. Mit Bleistiften kann man auch sehr gut vor dem Füllen der Buchstaben vorzeichnen. Ob man Holz- oder Minenbleistifte verwendet, hängt ganz von der persönlichen Präferenz ab.

Holzbleistift

Mit einem Holzbleistift kann man, je nach eingesetztem Druck, unterschiedliche Linienbreiten erzielen.

Minenbleistift

Er eignet sich besonders für eine präzise, einheitliche Linienführung, ohne dass er ständig angespitzt werden muss. Perfekt für sehr technische oder enge Buchstaben.

Radierer

Weiße Radierer hinterlassen kaum Streifen beim Radieren, sodass Fehler sehr sauber entfernt werden können.

PAPIER

Beim Entwurf eines Designs sollte weiches Papier verwendet werden, da es für das Zeichnen sowohl mit Bleistift als auch mit Füllfederhalter am besten geeignet ist.

LINEAL

Für die Festlegung gerader Bezugslinien und für die Gestaltung von Rahmen ist ein Lineal natürlich unerlässlich.

PAUSPAPIER

Dieses halb transparente Papier legt man auf aktuelle Skizzen, wenn man Verbesserungen im Detail vornehmen möchte. Man wiederholt das mit immer neuen Papierblättern, bis man mit dem Ergebnis zufrieden ist.

PINSEL

Pinsel sollte man nehmen, wenn es, anders als beim Füllfederhalter, weniger auf Präzision und dafür mehr auf Ausdruckskraft ankommt. Runde oder abgeflachte Pinsel sind optimal und ermöglichen viele verschiedene Arten von Linien.

SCHREIBFEDER UND FEDERHALTER

Sie werden in der traditionellen Kalligraphie verwendet. Wie mit dem Pinselstift lassen sich mit ihnen wunderbare Schriften gestalten.

TINTENFÄSSCHEN

Es wird benötigt, um durch Eintunken die Schreibfeder mit Tinte zu befüllen, wenn man mit Schreibfeder und Federhalter arbeitet.

ZIRKEL

Zum Zeichnen gleichmäßig gebogener Linien oder Kreise in einem Layout ist ein Zirkel unerlässlich.

EXPERIMENTIEREN

Wenn man einmal darauf verzichtet, die gewohnten Werkzeuge für das Handlettering einzusetzen, kann man viel Spaß haben. Ich liebe es, neue Dinge auszuprobieren, vor allem wenn es um zu gestaltende Oberflächen und zu verwendende Materialien geht. So bleibt die Arbeit spannend! Auch kann es großartig sein, mit Dimensionen und Formaten zu experimentieren. Natürlich stellt jede Variation eine neue Herausforderung dar, aber mit etwas Übung lassen sich dabei tolle Ergebnisse erzielen.

Wenn Sie also dringend neue Inspiration brauchen, sehen Sie sich um! Vielleicht finden Sie etwas, das sich als neues Handlettering-Werkzeug eignet oder als Basis für ein kreatives Werk. Nur zu! Es gibt keine Regeln!

DIE ANATOMIE DER BUCHSTABEN

Um Missverständnisse bei der Beschreibung der zu konstruierenden Buchstabenteile zu vermeiden, einigen wir uns lieber gleich auf die korrekten Bezeichnungen dafür, was was ist. Einige Vorkenntnisse werden Sie sicher schon haben. Hier gibt es weitere Informationen.

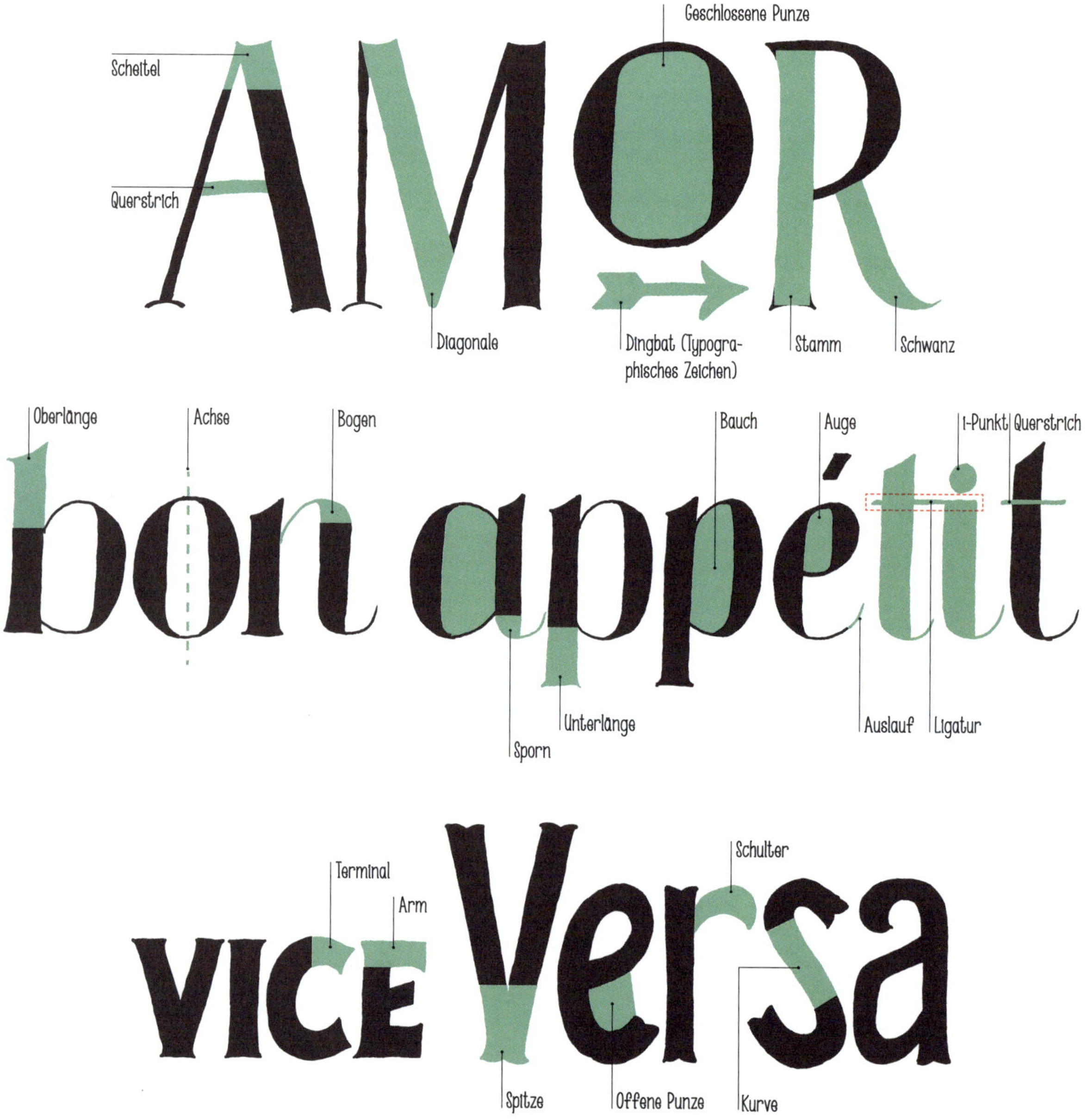

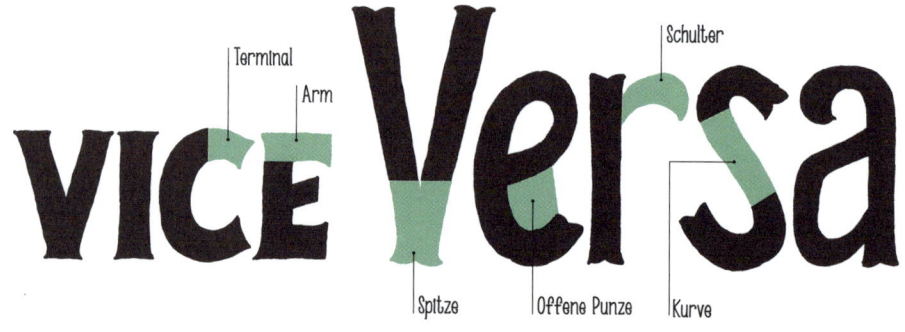

Geschlossene Punze
Scheitel
Querstrich
AMOR
Diagonale
Dingbat (Typographisches Zeichen)
Stamm
Schwanz
Oberlänge
Achse
Bogen
Bauch
Auge
i-Punkt
Querstrich
bon appétit
Auslauf
Ligatur
Unterlänge
Sporn
Schulter
Terminal
Arm
VICE Versa
Spitze
Offene Punze
Kurve

MIT ODER OHNE SERIFEN

Eine Serife ist eine Linie oder eine Verzierung, die die normale Strichlänge eines Buchstabens verlängert. Ist ein Buchstabe serifenlos, bedeutet das zwangsläufig, dass er keinerlei Strichverlängerungen oder -verzierungen aufweist. Es gibt sehr viele Arten von Serifen.

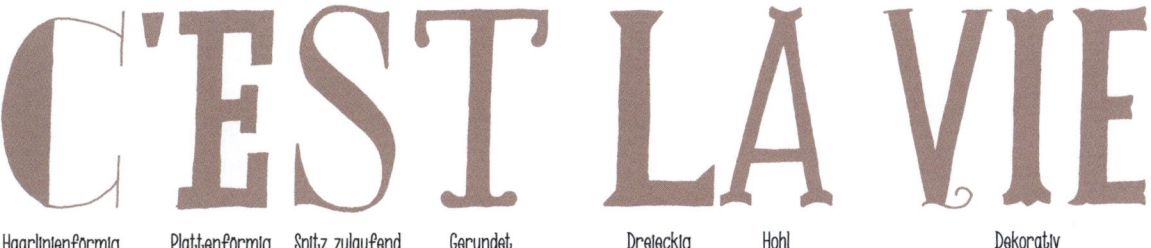

Haarlinienförmig   Plattenförmig   Spitz zulaufend   Gerundet   Dreieckig   Hohl   Dekorativ

STRICHSTÄRKE

Bei einheitlicher Strichstärke wird der gesamte Buchstabe gleichmäßig stark gezeichnet, sodass die vertikalen und die horizontalen Linien alle gleich stark sind. Durch Änderung der Strichstärke kann die Aussagekraft eines Buchstabens dramatisch verändert werden. Die Strichstärke lässt sich durch das Verbreitern aller innerhalb des Buchstabens liegenden Linien erhöhen. Man kann aber auch mit der Linienweite experimentieren und einzelne Buchstaben komprimieren. Hier sind einige interessante Beispiele!

Mager   Normal   Mittel   Fett   Schwarz

Strichstärkenkontrast

Starker Kontrast
Dieser Buchstabe weist eine extreme Strichstärkenvariation auf. Die senkrechten Striche sind extrem fett, während die horizontalen Striche besonders mager sind. Mit dem Kontrast lässt sich beliebig spielen.

Mittlerer Kontrast
Hier ist der Kontrast zwischen fetten und mageren Linien nicht so ausgeprägt wie bei dem Buchstaben mit starkem Kontrast.

Geringer Kontrast
Dieser Buchstabe weist kaum Unterschiede in der Strichstärke auf. Der Kontrast ist gering.

BEZUGSLINIEN

Alle Buchstaben sind unterschiedlich hinsichtlich der Proportionen zwischen Höhe und Breite, auch die Buchstaben innerhalb derselben Schrift. Die Schriftschnittvarianten in Büchern oder Zeitschriften orientieren sich eher an „Standard" oder „Normal". Komprimierte Varianten nennt man „schmal", erweiterte Schriftschnitte sind „breit".

Bei Verwendung der Proportionen „Standard" oder „Normal" sind die hier rechts genannten Regeln hilfreich.

O ist ebenso breit wie hoch
M ist breiter als hoch, ebenso W
Beim V beträgt die Breite drei Viertel der Höhe
E ist halb so breit wie hoch

Im Folgenden finden Sie weitere Regeln, die für die Gestaltung der Proportionen Ihrer Schrift nützlich sind.

Versallinie
Mittellinie
x-Höhe
Grundlinie

Der Querstrich des Buchstabens E sollte kürzer sein als die Arme.

Buchstaben mit Rundungen (B, C, D, G, J, O, P, Q, R, S, U) oder typographischen Punkten (A, M, N, V, W) müssen immer aber die Grundlinie hinausragen.

Einige Buchstaben wie B, E, F, J und L sind immer halb so breit wie hoch.

ZEICHENLINIEN FÜR DIE BUCHSTABEN

Zeichenlinien sind ein guter Anhaltspunkt, damit Sie nachvollziehen können, wie Sie Ihre Buchstaben aufgebaut haben. Sie stellen sicher, dass Sie bei der Gestaltung jedes Buchstabens mit einem einheitlichen Bezugssystem arbeiten. Beginnen Sie mit einfachen Abmessungsstufen für Ihre Zeichenlinien. Zeichnen Sie auf einer Seite weißen Druckerpapiers eine gestrichelte Linie, darunter und darüber je eine Linie im gleichen Abstand. Arbeiten Sie mit Lineal. Jeweils drei Linien bilden jetzt die Versallinie, die Mittellinie (die die x-Höhe bestimmt) und die Grundlinie. Wenn Sie als Mittellinie eine

gestrichelte Linie verwenden, ist das eine gute Orientierungshilfe. Die vierte Linie ist dann bereits die Versallinie für den nächsten Satz Zeichenlinien.

Zeichenlinien für die Neigung

Bei den Schriften Penelope, Newfangled, Icing und Ferry wird mit geneigten Zeichenlinien gearbeitet. Zeichnen Sie eine geneigte Linie vertikal zu den zuvor gezeichneten horizontalen Zeichenlinien. Die erste geneigte Bezugslinie kann einen beliebigen Winkel haben: Je größer dieser ist, desto kursiver werden Ihre Buchstaben sein. Jetzt setzen Sie, beginnend an der Schnittstelle von geneigter Bezugslinie und Versallinie, in regelmäßigen Abständen Markierungen auf die Versallinie. Verfahren Sie ebenso auf der Grundlinie, beginnend an der Schnittstelle der geneigten Bezugslinie und der Grundlinie. Mit dem Lineal verbinden Sie jetzt die Markierungspunkte auf den Linien vertikal.
Um einheitliche Buchstabenformen zu gewährleisten, arbeiten Sie mit diesen geneigten Zeichenlinien, wenn Sie Buchstabenstämme gestalten, Bögen verbinden oder Rundungen schließen. Es braucht einige Übung, aber diese vertikalen Zeichenlinien werden eine große Hilfe sein!

Die Neigung kann beliebig stark sein.

SPATIONIERUNG

Der Abstand der Buchstaben zueinander ist überaus wichtig. Wenn die Buchstaben zu dicht stehen, wirken sie wie übereinandergehäuft; stehen sie zu weit auseinander, geht der Bezug zueinander verloren. Sie können die Spationierung beliebig wählen, aber sie ist, wie auch die Festlegung der Proportionen, wichtig für die visuelle Ausgewogenheit.

Pauspapier ist sehr nützlich bei der Spationierung und auch bei der Buchstabengestaltung. Nehmen wir an, Sie haben das Skelett der Buchstaben eines Wortes gezeichnet, aber die letzten beiden Buchstaben haben im Vergleich zu den anderen einen zu großen Abstand voneinander. Der zweite Schritt besteht dann in einer Veränderung der Strichstärke: Zeichnen Sie also die ersten Buchstaben nach, vor den letzten beiden Buchstaben heben Sie jedoch das Pauspapier an, verschieben die Buchstaben in eine günstigere Position und zeichnen sie dort nach. So lässt sich an jeder Stelle des Wortes vorgehen. Am Ende erreichen Sie eine optimale Spationierung!

1 Grundform
Zu Beginn der Buchstabengestaltung wird ein Skelett mit der angestrebten Form entworfen. Darauf lässt sich aufbauen, sobald der gewünschte Stil festgelegt ist.

2 Strichstärke intensivieren
In diesem Fall wurde ein einheitlicher Stil gewünscht, sodass auch eine gleichmäßige Strichstärke für alle Buchstaben gewählt wurde.

3 Serifen ergänzen
Hier habe ich eine blockförmige Serife verwendet. Damit ist ein Gittermodell erstellt, das die Festlegung der Konturen mit Pauspapier im nächsten Schritt einfach macht.

4 Durchzeichnen und Verfeinern
Mit Pauspapier werden die Buchstaben sauber nachgezeichnet und notwendige Korrekturen vorgenommen. Man legt das Pauspapier auf das Blatt und klebt es mit geeignetem Klebeband fest, damit es sich nicht verschiebt. Zeichnen Sie die Buchstaben jetzt sorgfältig nach. Diese Vorarbeiten hinsichtlich Strichstärke, Rundungen, Spationierung usw. sind zwar zeitintensiv, machen die weitere Bearbeitung, nämlich das Kolorieren, anschließend aber umso leichter (siehe Seite 40).

LAYOUT

Ein effizienter Weg, Ihrem fertigen Werk Ausdruck zu verleihen, ist das Experimentieren mit dem Layout. Wenn Sie bei Ihren Layouts kreativer werden, werden Sie lebendigere Resultate erzielen. Deshalb ist es am besten, mit mehreren Möglichkeiten zu experimentieren, bevor Sie sich auf eine Richtung festlegen. Miniatur-Entwürfe sind eine wunderbare Brainstorming-Methode, mit der Sie vielfältige Layout-Ideen erhalten.

ÜBERSICHTLICHKEIT

Wenn Sie ein Layout für einen einfachen Hinweis, Vermerk o. Ä. planen, denken Sie daran, dass für Lesbarkeit und Wirkung ein einfaches Layout am besten geeignet ist. Die Regel „Weniger ist mehr" trifft hier genau ins Schwarze, und die schöne, klare Aussage wird nicht beeinträchtigt.

GROSSE DIMENSIONEN

Layouts für Plakate können schon sehr komplex sein, sollten aber dennoch auch möglichst einfach gehalten werden, damit der Leser die Botschaft schnell und richtig versteht. Hier ist die Grundlinie gebogen, und die Buchstaben sind ineinander verschachtelt. Dadurch wird das Layout interessant, bleibt aber dennoch gut lesbar.

ASYMMETRISCHE KOMPOSITION

Eine weitere Methode für ein interessantes Layout ist die dezentrierte Ausrichtung, um eine asymmetrische Komposition zu erzielen. In diesem Beispiel gibt es eine gerade Grundlinie, eine geneigte Grundlinie und eine rechtsbündig angeordnete Aussage. Zusammen ergibt dies eine dynamische Komposition, die sich für einfache Plakate gut eignet.

TIPPS

- Bedenken Sie, wie viele Wörter für das Gesamtwerk verwendet werden sollen. Wenn Sie mit Platzhaltern arbeiten, stellen Sie sicher, dass der Entwurf nicht aus dem Ruder läuft.
- Vergessen Sie die Ränder nicht! Wenn Sie nicht wollen, dass Ihr Entwurf den Rahmen sprengt, überlegen Sie gut, wie viel Platz Sie um die Buchstaben herum zur Verfügung haben wollen, und planen Sie diesen bei Ihrer Skizze ein.

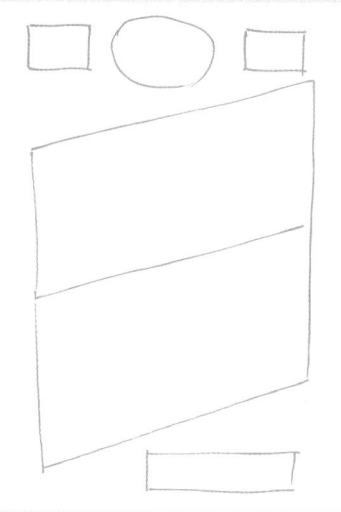

VIELE INFORMATIONEN UNTERBRINGEN

Wenn man sehr viele Informationen anordnen möchte, ist es überaus hilfreich, einen Plan für das Layout zu haben. Ohne ein durchdachtes Layout kann ein Werk schnell verstreut und chaotisch wirken. Hier wurde eine geneigte Grundlinie in Kombination mit geraden und gebogenen Grundlinien verwendet, um die verschiedenen Aspekte der Information zu unterteilen.

Es ist sehr wichtig, zu berücksichtigen, welche Informationen zusammengehören, wenn das Layout angeordnet wird. Ich habe z. B. Emilies Namen isoliert, weil sie im Fokus dieser Einladung steht, wohingegen ich die Bitte um eine Antwort auf die Einladung vernachlässigt habe, weil sie in der Informationshierarchie nur einen geringen Stellenwert hat.

LETTERING-METHODEN KOMBINIEREN

In einer Arbeit unterschiedliche Lettering-Methoden zu kombinieren, kann zu sehr beeindruckenden Resultaten führen. Doch wie bei allen Aspekten des Letterings gilt auch hier: Achten Sie darauf, es mit der Komplexität nicht zu übertreiben. Wenn Sie zu viele Stile kombinieren, kann das der erste Schritt ins Chaos sein. Eine Arbeit wirkt dann überladen und wird schwer lesbar.

CHARAKTERISTIKA KOMBINIEREN

Diese beiden Stile lassen sich hervorragend kombinieren, weil sie einen angenehmen Kontrast erzeugen, der die Bedeutung der wichtigsten Wörter noch unterstreicht. Sie können einen serifenlosen Schriftstil immer aufpeppen, indem Sie ihn mit Charakteristika anderer Stile oder mit Serifen kombinieren (vgl. den Schwungbogen am R in ‚cetera‘). Das macht den Stil einzigartiger und interessanter.

TIPPS

- Bedenken Sie immer die angestrebte Aussage. Überlegen Sie, was Sie hervorheben wollen oder wo Sie einen Kontrast erzeugen möchten. Lesbarkeit und Wahrnehmung werden dadurch verbessert.
- Kombinieren Sie nicht zu viele Schriftstile und beschränken Sie den Wechsel des Schriftstils auf Wörter oder Wortgruppen. Wenn Sie den Stil innerhalb eines Wortes wechseln, kann das dazu führen, dass das Kunstwerk sprunghaft und chaotisch wirkt.

VARIATION INNERHALB EINES SCHRIFTSTILS

Dekorative, ungezwungene Schriftstile lassen sich immer gut mit einfachen, handgeschriebenen, serifenlosen Stilen kombinieren. Um mehr Abwechslung zu schaffen, können Sie auch einen einheitlichen Stil verwenden und dabei die Buchstaben in schmaleren oder breiteren Varianten gestalten.

GELUNGENE KONTRASTE

Das Kombinieren unterschiedlicher Schriftstile muss nicht unbedingt schwierig oder kompliziert sein, um Interesse zu wecken oder ein überzeugendes Werk zu kreieren. Da Schriften ohnehin schon ausdrucksstark sind, ist es wichtig, Kontraste zu erzeugen, ohne zu übertreiben. Ich habe hier für das „La" einen einfachen, serifenlosen Stil gewählt, um einen Kontrast zu erzielen, ohne die wunderschöne Schrift in den Schatten zu stellen.

VERZIERUNGEN

Mit Verzierungen lässt sich einem Buchstaben auf einfache und originelle Weise mehr Leben einhauchen. Gängige Verzierungen sind Schatten, Ornamente, Filigranarbeiten, Innenlinien, Außenlinien und vieles mehr!

SCHATTIERUNG

Eine der einfachsten Verschönerungsmöglichkeiten ist die Schattierung. Sie können innerhalb eines Buchstabens schattieren, um eine bestimmte Tiefe zu erreichen oder um Aufmerksamkeit zu erzielen. Oder Sie zeichnen Schlagschatten für mehr Dynamik. Hier ein paar Beispiele für Schattierungen und Schlagschatten, um Ihnen eine Vorstellung vom Schattieren zu vermitteln und Sie zum Experimentieren anzuregen.

Schattieren innerhalb des Buchstabens
Mit dieser Methode können Sie wunderbare, beeindruckende Effekte erzielen. Ich habe hier einfache Schattierungen an Formen vorgenommen sowie Schattierungen innerhalb des Buchstabens, um mehr Tiefe zu erzielen.

Tüpfeln
Tüpfeln ist eine großartige Schattierungstechnik. Berücksichtigen Sie dabei immer, wo Sie die Highlights Ihres Buchstabens sehen wollen: Beim Schattieren durch Pünktchen gestaltet man die Punktdichte geringer, wo hervorgehoben werden soll, und dichter in den Schatten. Verwenden Sie einen Fineliner, beginnen Sie mit dichtem Tüpfeln in den Schattenbereichen und dünnen Sie in den hervorzuhebenden Bereichen immer mehr aus. Es mag einige Versuche erfordern, die Dichte richtig hinzubekommen. Versuchen Sie, einen langsamen Übergang von geringer zu großer Punktdichte zu erreichen. Lassen Sie sich Zeit, dann werden Sie wunderbare Resultate erzielen.

Linear
Sie können Schattierungen und Schlagschatten auch ganz linear gestalten. Das ist ein eher strukturierter Ansatz, wenig spektakulär im Vergleich zu anderen Varianten, aber auch interessant.

FILIGRANARBEITEN, INNENLINIE, AUSSENLINIE

Dieses Trio ist ebenfalls gut geeignet, Ihre Buchstaben zu verschönern. Jede Methode für sich kann einfach oder komplex sein, je nachdem, wie Sie damit umgehen. Aber sie alle drei verleihen dem Buchstaben Charakter:

Filigranarbeiten
Beachten Sie, dass ausreichend Platz zur Verfügung stehen muss und die Balance gewährleistet ist, damit die Dekoration das Erscheinungsbild nicht chaotisch werden lässt.

Innenlinie
Eine Innenlinie – gezeichnet innerhalb der Buchstabenelemente – kann sehr einfach, aber auch sehr komplex und dekorativ gestaltet werden, je nachdem, welche Formen Sie wählen.

Aussenlinie
Eine Außenlinie umgibt den Buchstaben und sieht interessant aus. Sie können den Buchstaben ganz einfach verdoppeln oder eine Strich- oder Punktlinie verwenden.

WEITERE DEKORATIVE VERZIERUNGEN

Wenn Sie mit der Verzierung von Buchstaben experimentieren, werden Sie feststellen, dass die Möglichkeiten schier unendlich sind. Probieren Sie Blumen aus, Linien, Muster oder was Ihnen sonst einfällt. Verlieren Sie jedoch beim Experimentieren weder die Balance aus den Augen noch die Notwendigkeit, die Buchstaben ‚atmen' zu lassen, damit Ihre Arbeit nicht überladen wirkt.

Blumen
Blumen können Buchstaben wunderschön aussehen lassen, aber auch hier ist darauf zu achten, das Design nicht zu überladen.

Textur
Linien können als Schattierungen innerhalb von Buchstaben eingesetzt werden und als Schlagschatten, um Textur zu verleihen.

Motive
Motive, wie Blumen, geometrische Formen oder Tiere, können als Ornamente innerhalb der Buchstaben platziert werden.

FÜLLEN UND FÄRBEN

Dieser Teil Ihrer Arbeit ist sicherlich der schönste, denn jetzt sehen Sie langsam, wie das Werk in seiner Endphase zum Leben erwacht. Lassen Sie sich Zeit für diese letzten Schritte. Behalten Sie im Hinterkopf, dass Sie vielleicht von vorn beginnen müssen, wenn jetzt etwas schiefgeht, aber lassen Sie sich auch nicht entmutigen. Wenn Sie Ihr Werk von Hand kolorieren wollen, befolgen Sie die Schritte 1 und 2. Sie haben dann klare Vorgaben, denen Sie folgen können, auch wenn Sie das Medium wechseln. Wenn Sie Ihre Arbeit digitalisieren und am Computer kolorieren wollen, folgen Sie den Schritten 1 bis 4.

FÜLLEN

Diese Phase folgt, wenn Sie alles entworfen haben und mit allen Elementen Ihres Layouts zufrieden sind. Das Fallen ist besonders dann wichtig, wenn Sie Ihr Kunstwerk scannen und digitalisieren wollen, denn ein Schwarz-Weiß-Bild erleichtert die weitere Bearbeitung der Dateien enorm. Es gibt keine perfekte Methode zum Fallen, aber ich erläutere hier, wie ich es mache. Sie können gern eine eigene Methode entwickeln. Scheuen Sie sich nicht, Fehler zu machen, denn nur so lernen Sie, wie Sie am besten arbeiten können. Lassen Sie sich für das Fallen immer sehr viel Zeit. Falsche Eile ist hier fehl am Platze, denn sie kann schnell zu Fehlern führen, die sich nicht mehr korrigieren lassen.

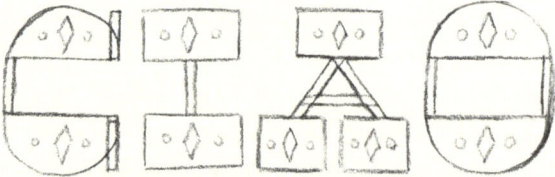

1 DIE SKIZZE NACHZEICHNEN

Wenn Sie mit Ihrem Layout zufrieden sind, legen Sie Pauspapier auf Ihre Zeichnung. In dieser Arbeitsphase klebe ich das Pauspapier nicht mehr fest, denn ich möchte es drehen können. Sie werden gleich verstehen, warum.

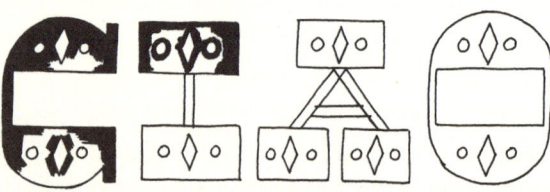

3 FÜLLEN

Beginnen Sie mit einem beliebigen Buchstaben und arbeiten Sie beim Fallen mit kurzen Strichen. Kontrolliertes Arbeiten ist hier sehr wichtig, damit Sie nicht versehentlich über die Linien malen. Wenn Sie das Papier nicht festgeklebt haben, können Sie es beim Fallen beliebig drehen. Eine andere Methode zum Fallen ist, eine kreisförmige Bewegung einzusetzen. Ich habe mit dieser Methode für das „I" angesetzt. Man arbeitet dabei von den Außenlinien nach innen. Probieren Sie, was Ihnen am besten liegt.

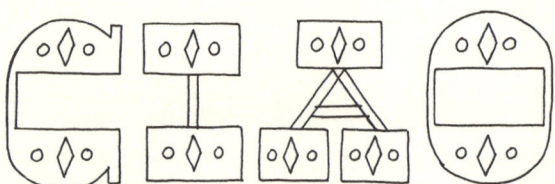

2 AUF SICH ZUZEICHNEN

Arbeiten Sie mit einem Fineliner und zeichnen Sie die Außenlinie auf das Pauspapier. Ich arbeite immer senkrecht zu meinen Zeichenlinien, damit ich eine kontinuierliche Linienführung erhalte und nicht versehentlich kurz anhalten muss. Wenn man dann neu ansetzen muss, entstehen Bläschenlinien. Arbeiten Sie auf sich zu und versuchen Sie, kurze Linien zu zeichnen.

4 STEP-BACK-TECHNIK

Das Endprodukt sollte gleichmäßig gefallt sein. Es ist eine gute Idee, hier mit der Step-back-Technik zu arbeiten, also mit etwas Abstand nochmals alle Linien und Formen zu kontrollieren. Verbeißen Sie sich aber nicht in unzählige Feinheiten, denn dann kann es passieren, dass Sie am Ende von vorn anfangen. Lassen Sie sich Zeit.

VON HAND KOLORIEREN

Wenn Sie direkt auf Ihr Papier zeichnen, sollten Sie mit einem Leuchtkasten arbeiten, um durch das Papier auf Ihre Layout-Zeichnung schauen zu können. Legen Sie die Zeichnung auf den Leuchtkasten und platzieren Sie das Papier darauf, wobei Sie die Buchstaben so anordnen, wie Sie sie auf dem Papier haben wollen. Zeichnen Sie in Ihre Richtung. Um eine gute Linienqualität zu erzielen, zeichnen Sie sich kreuzende Linien nicht. Wenn Sie möchten, dass Ihr „A" aussieht wie ein „A" und nicht wie drei waagerechte Rechtecke mit sich kreuzenden Stämmen, dann zeichnen Sie nur die Außenlinien der Buchstaben. Danach kolorieren Sie, wie Sie möchten. Ich empfinde es als angenehm, mit Buntstiften oder Aquarellfarben zu kolorieren, besonders bei Gruß- oder Scherzkarten. Probieren Sie ruhig unterschiedliche Materialien aus.

VORBEREITUNG FÜR DIGITALES KOLORIEREN

Es gibt sehr viele Methoden, Ihr Werk zu kolorieren. Die digitale Bearbeitung ist hierbei sicher die geläufigste. Ich fahre die Bearbeitung meist an halb gefalteten Vorlagen aus. Das ist der Zustand, den Sie erhalten, wenn Sie die Schritte 1 bis 4 auf der vorherigen Seite befolgt haben. Dann scannen Sie die Arbeit bei 600 dpi oder mehr ein. Öffnen Sie nun das gescannte Bild in Photoshop, um den Kontrast zu verbessern und Ungewünschtes zu entfernen. Zur Digitalisierung öffnen Sie nun die optimierte Datei in Illustrator und gehen auf das Menü „Interaktiv nachzeichnen". Unter „Nachzeichneroptionen" justieren Sie die „Kontrast- und Kontur-Einstellungen", während Sie gleichzeitig mit der Vorschau-Option arbeiten, damit Sie das jeweilige Resultat sofort sehen können. Um die Qualität der handgezeichneten Optik zu bewahren, wählen Sie einen hohen Kontrast und eine geringe Konturstärke. Wenn das Nachzeichnen abgeschlossen ist, klicken Sie auf „Umwandeln". Das Bild ist jetzt vektorisiert und bereit für das Kolorieren.

Buntstift

Aquarell

Digital

TIPPS

- Beginnen Sie das Nachzeichnen der Linien und das Füllen mit Ihrem dünnsten Fineliner. Sie können eine größere Strichstärke zum Füllen wählen, wenn nicht allzu viele Details vorhanden sind, die Sie möglicherweise versehentlich abermalen könnten.

- Keine Eile! Diese Bearbeitung braucht Zeit, also haben Sie Geduld, nehmen Sie nicht zu viel Kaffee oder Zucker zu sich, denn diese Arbeit erfordert eine ruhige Hand.

SCHRIFTEN

1 Boulangerie

Die „Boulangerie"-Schrift verströmt geradezu den süßen Duft von Gebäck, von feinen Backwaren und frischen Brötchen. Diese zauberhafte Eigenschaft macht sie bestens geeignet für das Ladenschild einer Bäckerei oder für eine Einladungskarte zum Brunch.

KONSTRUKTION DER GROSSBUCHSTABEN

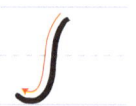

Den Stamm des Buchstabens mit einem Fineliner zeichnen.

Die Rundung zeichnen, in die Schleife übergehen. Nach der Schleife den Schwanz zeichnen.

Feine, tränenförmige Strichenden ergänzen.

A B C D E F G

H I J K L M

N O P Q R S

T U V W X

Y Z ! ? &

1 2 3 4 5

STIFT

• Fineliner

a b c d e

f g h i j k

l m n o p

q r s t u

v w x y z

6 7 8 9 0

KONSTRUKTION DER KLEINBUCHSTABEN

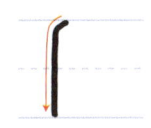

Den Stamm des Buchstabens mit einem Fineliner zeichnen.

Etwas unterhalb der halben Stammhöhe ansetzen und die Schulter aus dem Stamm heraus zeichnen.

Den Buchstaben mit einem Sporn vervollständigen.

2 Metal Head

„Metal Head" ist gar nicht so „hardcore", wie es scheint, und dennoch weisen die Buchstaben rockige Elemente auf. Auf dem Konzertplakat einer Band kann diese Schrift schon zum Headbanging anregen.

KONSTRUKTION DER GROSSBUCHSTABEN

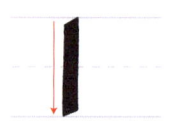

Mit einem Marker den Stamm zeichnen, die Spitze des Markers dazu im 45°-Winkel ansetzen.

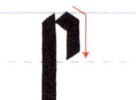

Ansetzen am oberen Ende des Stamms, eine Raute nach rechts zeichnen, dann die Linie senkrecht nach unten führen, um die Rundung fertigzustellen.

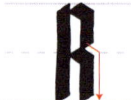

Um den Schwanz zu zeichnen, mit einer abwärts geneigten Raute auf halber Höhe rechts am Stamm beginnen, dann die Linie nach unten vervollständigen.

A B C D E F G
H I J K L M N
O P Q R S T U
V W X Y Z ! ?
& I 1 2 3 4 5 6
7 8 9 0

STIFT

• Marker

a b c d e f

g h i j k l

m n o p q

r s t u v

w x y z

KONSTRUKTION DER KLEINBUCHSTABEN

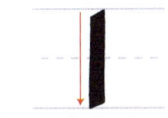

Mit einem Marker den Stamm zeichnen, die Spitze des Markers dazu im 45°-Winkel ansetzen.

Ansetzen am oberen Ende des Stamms, eine Raute nach rechts zeichnen.

Die Linie von der Raute abwärtsführen und an der Mittellinie enden.

3 Penelope

„Penelope" ist das süße Mädchen von nebenan, das seinen Liebsten und Freunden gern kleine Botschaften schreibt. Die schnelle, schwungvolle Schrift wirkt freundlich und einladend und eignet sich somit perfekt für einen freundlichen Gruß.

KONSTRUKTION DER GROSSBUCHSTABEN

Direkt unterhalb der Versallinie beginnen. Die geneigten Zeichenlinien zur Orientierung nutzen und zunächst aufwärts- und dann mit mehr Druck abwärtszeichnen. Am unteren Ende wieder mit weniger Druck aufwärtszeichnen.

Jetzt knapp oberhalb der Mittellinie beginnen und die Linienführung des ersten Bogens wiederholen.

Fertigstellen mit einem gebogenen Strich aufwärts.

A B C D E F
G H I J K L
M N O P Q R
S T U V W
X Y Z ! ? &
1 2 3 4 5

STIFT

• Pinselstift

a b c d e

f g h i j

k l m n o

p q r s t

u v w x y z

6 7 8 9 0

KONSTRUKTION DER KLEINBUCHSTABEN

Mit dem Pinselstift den Kleinbuchstaben c mit einem Neigungswinkel zeichnen, der dem der Zeichenlinien entspricht.

Linie nach oben fortsetzen, um den Auslauf fertigzustellen.

Am oberen Ende ansetzen und das Auge zeichnen.

4 Vinyl Love

Bei „Vinyl Love" dreht sich alles um High Fidelity. Jeder Schallplattensammler wird begeistert sein. Diese Schrift eignet sich für Schilder von Läden oder Bars, die einen Hang zu Retro und allem Analogen haben.

KONSTRUKTION DER GROSSBUCHSTABEN

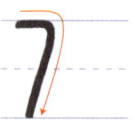

Mit einem Marker den Buchstabenstamm zeichnen. Um eine einheitliche Strichstärke zu erzielen, wird die Spitze des Markers senkrecht zu der Richtung gehalten, in die der Stift gezogen wird.

Den anderen Stamm zeichnen, dafür den Stift abwärtsführen und eine einheitliche Strichstärke wahren.

Am unteren Ende des Stamms beginnen und eine kontinuierliche Linie als Verbindung zum nächsten Buchstaben zeichnen.

A B C D E F
G H I J K L
M N O P Q
R S T U V
W X Y Z ! ?
& 1 2 3 4 5

STIFT

• Marker

KONSTRUKTION DER KLEINBUCHSTABEN

a b c d e f

g h i j k

l m n o p

q r s t u

v w x y z

6 7 8 9 0

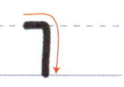

Beginnend an der Mittellinie mit einem Marker den Buchstabenstamm zeichnen. Um eine einheitliche Strichstärke zu erzielen, wird die Spitze des Markers senkrecht zu der Richtung gehalten, in die der Stift gezogen wird.

Den anderen Stamm zeichnen, dafür den Stift abwärtsführen und eine einheitliche Strichstärke wahren.

Am unteren Ende des Stamms beginnen und eine kontinuierliche Linie als Verbindung zum nächsten Buchstaben zeichnen.

5 Leona

Ehrlich gesagt habe ich den Schriftzug „Leona" nach meiner Schwester benannt, die einer bewussten Lebensweise folgt, mit dem Leben im Fluss ist und der es trotzdem gelingt, bodenständig und ausgeglichen zu sein. Diese Schrift soll schön, aber funktional sein, für liebevolle Grußkarten, aber auch für schnelle, freundliche Nachrichten.

KONSTRUKTION DER GROSSBUCHSTABEN

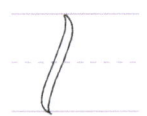

Mit einem Fineliner den Buchstabenstamm mit spitz zulaufenden Enden zeichnen.

Die oberen und unteren Bäuche mit auf der Versal-, Mittel- und Grundlinie spitz zulaufenden Enden zeichnen.

Oben eine Serife ergänzen.

Fertigstellen durch das Zeichnen von Innenlinien über die gesamte Länge von Stamm, Bäuchen und Serifen.

A B C D E F

G H I J K L

M N O P Q R

S T U V W X

Y Z ! ? &

1 2 3 4 5

STIFT

• Fineliner

KONSTRUKTION DER KLEINBUCHSTABEN

a b c d e f

g h i j k

l m n o p

q r s t u

v w x y z

6 7 8 9 0

Mit einem Fineliner den Buchstabenstamm mit spitz zulaufenden Enden zeichnen.

Den Bauch mit auf der Mittel- und Grundlinie spitz zulaufenden Enden zeichnen.

Fertigstellen durch das Zeichnen von Innenlinien über die gesamte Länge von Stamm und Bauch.

6 Marilyn

„Marilyn" ist inspiriert von dem Gedanken an Marilyn Monroe, deren Schönheit jeden beeindruckte. Diese Schrift ist kühn, mutig und doch zart, und sie bezaubert durch ihre Anmut: perfekt für Hochzeitseinladungen oder Dankeskarten.

KONSTRUKTION DER GROSSBUCHSTABEN

Mit einem Pinselstift den Buchstabenstamm zeichnen. Abstriche mit mehr, Aufstriche mit weniger Druck ausführen, um die gewünschte Strichstärke zu erzielen.

Auf Höhe der Mittellinie beginnen und quer, dann abwärtszeichnen, um den Querstrich zu kreieren, der die Verbindung zum linken Stamm herstellt.

Den Buchstaben durch Ziehen einer dünnen Linie fertigstellen, die den linken Buchstabenstamm darstellt.

A B C D E F
G H I J K L
M N O P Q
R S T U V W
X Y Z ! ? &
1 2 3 4 5

STIFT

• Pinselstift

KONSTRUKTION DER KLEINBUCHSTABEN

a b c d e f

g h i j k l

m n o p q

r s t u v

w x y z

6 7 8 9 0

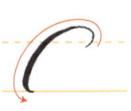

Mit einem Pinselstift arbeiten, an der Mittellinie beginnen. Zunächst auf-, dann abwärtszeichnen für die Rundung. Mit stärkerem Druck abwärtszeichnen für eine größere Strickstärke, am Ende weniger Druck für den Auslauf.

Die Rundung mit einem leichten Aufstrich beenden, der auf halber Höhe zwischen Mittel- und Grundlinie endet.

Abschließend den Stamm zeichnen. Auch hier mehr Druck beim Abstrich, weniger Druck beim Aufstrich.

7 Herbie

Der VW-Käfer „Herbie" aus den Filmen der 1960er- und 1970er-Jahre dient ganz eindeutig als Inspiration für diese spaßige Schrift. Die Buchstaben sind ebenso lustig und schrullig wie der Original-Käfer und eignen sich wunderbar für Autobeschriftungen oder Ankündigungen von Autorennen.

KONSTRUKTION DER GROSSBUCHSTABEN

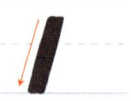

Auf halber Höhe zwischen Versal- und Mittellinie beginnen und mit einem Fineliner den Buchstabenstamm zeichnen.

Jetzt den oberen Bauch zeichnen. Auf konstante Strichstärke achten.

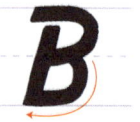

Zum Schluss den unteren Bauch zeichnen.

A B C D E F

G H I J K L

M N O P Q R

S T U V W

X Y Z ! ? &

1 2 3 4 5

STIFT

• Fineliner

KONSTRUKTION DER KLEINBUCHSTABEN

a b c d e

f g h i j

k l m n o p

q r s t u

v w x y z

6 7 8 9 0

Direkt unterhalb der Versallinie beginnen und mit einem Fineliner den Buchstabenstamm zeichnen.

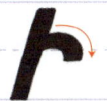

Jetzt den oberen Teil des Bauches zeichnen. Auf konstante Strichstärke achten.

Zum Schluss den unteren Teil des Bauches zeichnen.

8 SPACE

JETZT SIE!

9 Americana

„Americana" ist eine schablonenartige Schrift, inspiriert von amerikanischen Firmen- oder Produktbezeichnungen. Optimal für Verpackungen, Labels oder Etiketten.

KONSTRUKTION DER GROSSBUCHSTABEN

Mit einem Fineliner den Stamm mit Verjüngung an Anfang und Ende zeichnen.

Den Arm und das Bein zeichnen, auch hier an Anfang und Ende verjüngen. Darauf achten, dass Arm und Bein den Stamm nicht berühren.

Dekorative Endungen an Schwanz, Stamm und Arm ergänzen, auch hierbei darauf achten, dass diese den Rest des Buchstabens nicht berühren.

A B C D E F
G H I J K L
M N O P Q R
S T U V W
X Y Z ! ? &
1 2 3 4 5

STIFT

• Fineliner

KONSTRUKTION DER KLEINBUCHSTABEN

a b c d e

f g h i j

k l m n o

p q r s t

u v w x y z

6 7 8 9 0

Mit einem Fineliner den Stamm mit Verjüngung an Anfang und Ende zeichnen.

Den Arm und das Bein zeichnen. Auch hier an Anfang und Ende verjüngen. Darauf achten, dass Arm und Bein den Stamm nicht berühren.

Dekorative Endungen an Schwanz und Stamm ergänzen, auch hierbei darauf achten, dass diese den Rest des Buchstabens nicht berühren.

10 Silvia

„Silvia" ist eine Lady, die den Hauch von Einzigartigkeit und Schönheit liebt und auch von schlichter Eleganz. Diese Schrift ist perfekt für Einladungen oder Ankündigungen, die einen feinen, femininen Touch erfordern.

KONSTRUKTION DER GROSSBUCHSTABEN

Mit einem Fineliner die beiden Seiten des Buchstabens „O" zeichnen. Die kleine Kerbe am oberen Ende berücksichtigen.

Parallel zur linken Seite eine zweite Linie innerhalb der linken Hälfte der Rundung zeichnen.

Jetzt eine weitere Linie ergänzen, die die linke Hälfte der Rundung teilt, dabei auf ausreichend Abstand der Linien achten. Zur Fertigstellung einen einfachen Punkt ergänzen.

A B C D E F
G H I J K L
M N O P Q R
S T U V W
X Y Z ! ? &
1 2 3 4 5

STIFT

- Fineliner

KONSTRUKTION DER KLEINBUCHSTABEN

a b c d e

f g h i j

k l m n o

p q r s t

u v w x y z

6 7 8 9 0

Mit einem Fineliner mit dem oberen Ende des Buchstabens unmittelbar oberhalb der Mittellinie beginnen.

Die rechte Seite der Rundung zeichnen.

Zur Fertigstellung die linke Seite des Buchstabens zeichnen, dabei direkt unterhalb der Mittellinie beginnen.

STIFTE

- Bleistift
- Fineliner

11 ASGARD

„Asgard" ist eine vereinfachte, moderne Version eines alten nordischen Themas. Gut geeignet für eine winterliche Menükarte zur Hochzeit oder für einen Comic mit Helden wie Thor oder Odin.

GENERELLE BUCHSTABENKONSTRUKTION

Mit einem Bleistift die drei Stämme des Buchstabens „W" skizzieren, dabei auf eine einheitliche Strichstärke achten.

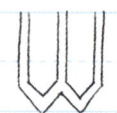

Jetzt die beiden Spitzen skizzieren und ebenfalls die Strichstärke einheitlich halten.

Die Skizze durch Ergänzen der Deckstriche vervollständigen.

Den Buchstaben mit Fineliner füllen.

A B C D E F G
H I J K L M N
O P Q R S T
U V W X Y Z
! ? & 1 2 3 4
5 6 7 8 9 0

12 HELLO FROM...

„Hello From ..." orientiert sich an den Sinnsprüchen auf Kacheln, die man in den Eingangsbereichen von Coffee-Shops, öffentlichen Gebäuden oder auch in privaten Bädern oder Küchen sieht. Die schrulligen Buchstaben im Baukastenprinzip eignen sich für Event-Plakate oder Party-Einladungen.

STIFT

• Fineliner

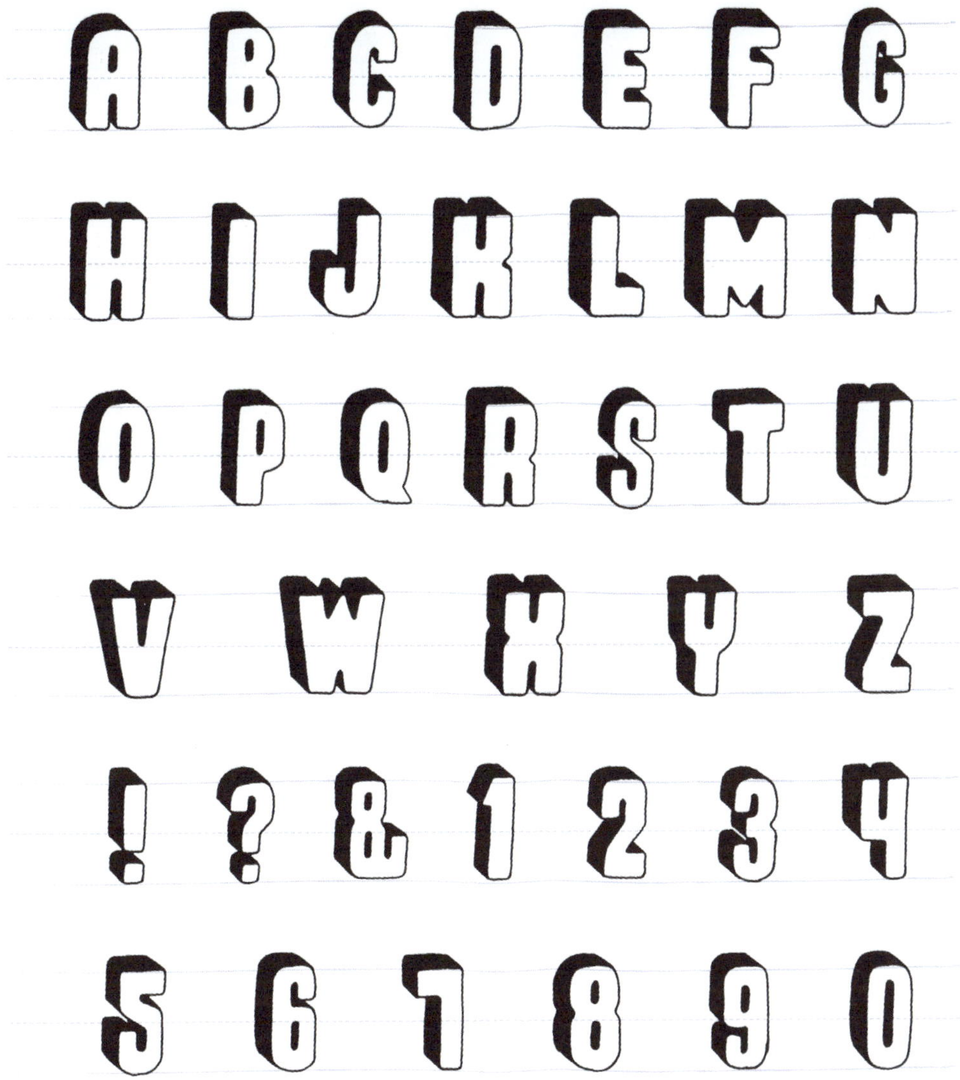

A B C D E F G

H I J K L M N

O P Q R S T U

V W X Y Z

! ? & 1 2 3 4

5 6 7 8 9 0

GENERELLE BUCHSTABENKONSTRUKTION

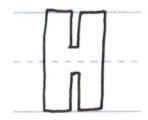

Mit Fineliner den Buchstaben in Blockform zeichnen.

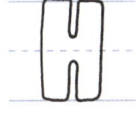

Die Ecken abrunden.

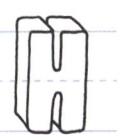

Dem Buchstaben Tiefe geben. Bei den geneigten Linien auf Parallelität zueinander achten, bei den vertikalen auf die Parallelität der Buchstabenseiten.

Mit dem Fineliner die Schatten einfüllen.

13 GEORGE

„George" ist äußerst kräftig und dennoch unaufdringlich. Dieser Stil ist so etwas wie der Blaumannträger, der stolz zeigt, wer er ist. Eignet sich etwa als Schriftzug für Ihr neues Tagebuch.

STIFTE

- Bleistift
- Fineliner

GENERELLE BUCHSTABENKONSTRUKTION

Mit einem Bleistift die Grundform des Buchstabens zeichnen.

Einfache Serifen ergänzen, um den dezenten Stil zu betonen.

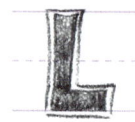

Eine Außenlinie als einfaches, dekoratives Element kreieren.

Abschließend den Buchstaben mit Fineliner füllen.

JETZT SIE!

M

14 Bel Air

„Bel Air" erinnert an eine kühle, unbekümmerte Brise, an diesen Hauch, der die Haut küsst, während man einen Sonnenuntergang in Kalifornien genießt. Eine perfekte Schrift für ein Plakat oder für die Ankündigung zum nächsten Sommertreffen.

KONSTRUKTION DER GROSSBUCHSTABEN

Mit Fineliner das Buchstabenskelett zeichnen.

Die Linien des Buchstabens zeichnen, dabei nach unten spitz zulaufen lassen, sodass der Buchstabe in einer sehr feinen Linie endet.

Mit dem Fineliner die Abstriche der Buchstaben füllen und die feinen Linien nachzeichnen.

A B C D E F

G H I J K L

M N O P Q R

S T U V W

X Y Z ! ? E

1 2 3 4 5

a b c d e f

g h i j k

l m n o p

q r s t u

v w x y z

6 7 8 9 0

STIFT

• Fineliner

KONSTRUKTION DER KLEINBUCHSTABEN

Mit Fineliner das Buchstabenskelett zeichnen.

Die Linien des Buchstabens zeichnen, dabei nach unten spitz zulaufen lassen, sodass der Buchstabe in einer sehr feinen Linie endet.

Mit dem Fineliner die Abstriche der Buchstaben füllen und die feinen Linien nachzeichnen.

15 Caroline

Dies ist die zarte „Caroline", die Butterblumen liebt, mit den Frühlingsblumen spielt und über die Wiesen hüpft. Ein absoluter Gewinn für ein kleines „Hallo" an einen Freund oder hübsche Blumenkärtchen für den Garten.

KONSTRUKTION DER GROSSBUCHSTABEN

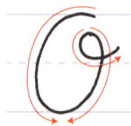

Mit Fineliner das Buchstabenskelett zeichnen.

Die Strichstärke erhöhen, dabei genau auf Einheitlichkeit achten.

Den Buchstaben mit dem Fineliner füllen.

A B C D E F

G H I J K L

M N O P Q R

S T U V W

X Y Z ! ? &

1 2 3 4 5

STIFT

• Fineliner

a b c d e f

g h i j k

q m n o p

q r s t u

v w x y z

6 7 8 9 0

KONSTRUKTION DER KLEINBUCHSTABEN

Mit Fineliner das Buchstabenskelett zeichnen.

Die Strichstärke erhöhen, dabei genau auf Einheitlichkeit achten.

Den Buchstaben mit dem Fineliner füllen.

16 FANTASIEFIGUREN

Amy Rogstad

STIFT

• Fineliner

17 PILLAR

Diese Serifenschrift von Abbey Sy ist eine moderne Variante der „Roman Pillar".

GENERELLE BUCHSTABENKONSTRUKTION

Mit dem Fineliner die einfache Buchstabengrundform mit Serifen zeichnen.

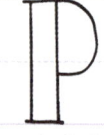

Den Stamm des Buchstabens verdicken.

Den unteren Teil des Buchstabens kolorieren, dabei den Übergang zum oberen, nicht kolorierten Buchstabenteil v-förmig gestalten.

In den weißen Teil des Stamms ein Ausrufezeichen mittig integrieren.

A B C D E F

G H I J K L

M N O P Q R

S T U V W

X Y Z ? ! &

0 1 2 3 4 5

6 7 8 9

18 ROBOTYPE

Inspiriert von futuristischen Schriftdesigns, ist die „Robotype" von Abbey Sy eine fast quadratische Serifenschrift, die allem Neuartigen die Ehre erweist.

STIFT

• Fineliner

A B C D E F

G H I J K L

M N O P Q R

S T U V W X

Y Z ? ! £ 0 1

2 3 4 5 6 7 8 9

GENERELLE BUCHSTABENKONSTRUKTION

Mit einem viereckigen, serifenlosen Buchstabenskelett beginnen.

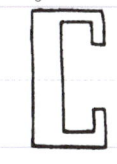

Durch Zeichnen einer mit dem Skelett verbundenen Außenlinie einen Blockbuchstaben erzeugen. Darauf achten, dass eine Seite des Buchstabens erheblich breiter ist als die anderen.

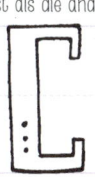

Drei Punkte am unteren Stammende ergänzen.

Um den 3D-Effekt zu erzielen, den Buchstaben mit einem nach unten gerichteten Schatten versehen.

STIFT

- Marker

19 Doc Holliday

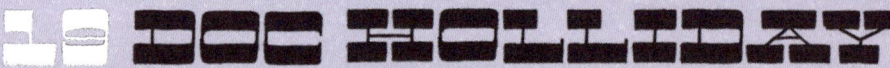

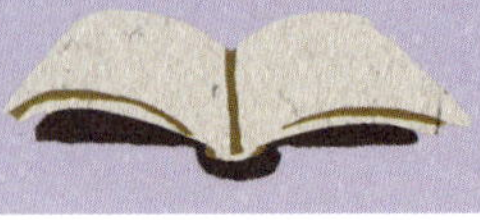

„Doc Holliday“ ist ein typischer, schießwütiger Wild-West-Glücksspieler mit Witz, Charme und einem abenteuerlichen Leben. Mit dieser Schrift trifft man auf der Suche nach dem echten Western-Stil voll ins Schwarze.

GENERELLE BUCHSTABENKONSTRUKTION

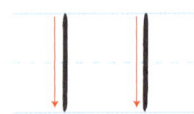

Den Buchstabenstamm mit der Spitze des Markers zeichnen, um eine dünne Linie zu erzielen.

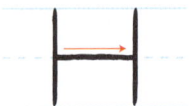

Den Querstrich ergänzen.

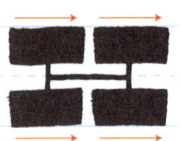

Abschließend breite, blockförmige Serifen ergänzen.

A B C D E F
G H I J K L
M N O P Q R
S T U V W X
Y Z ! ? & 1 2 3
4 5 6 7 8 9 0

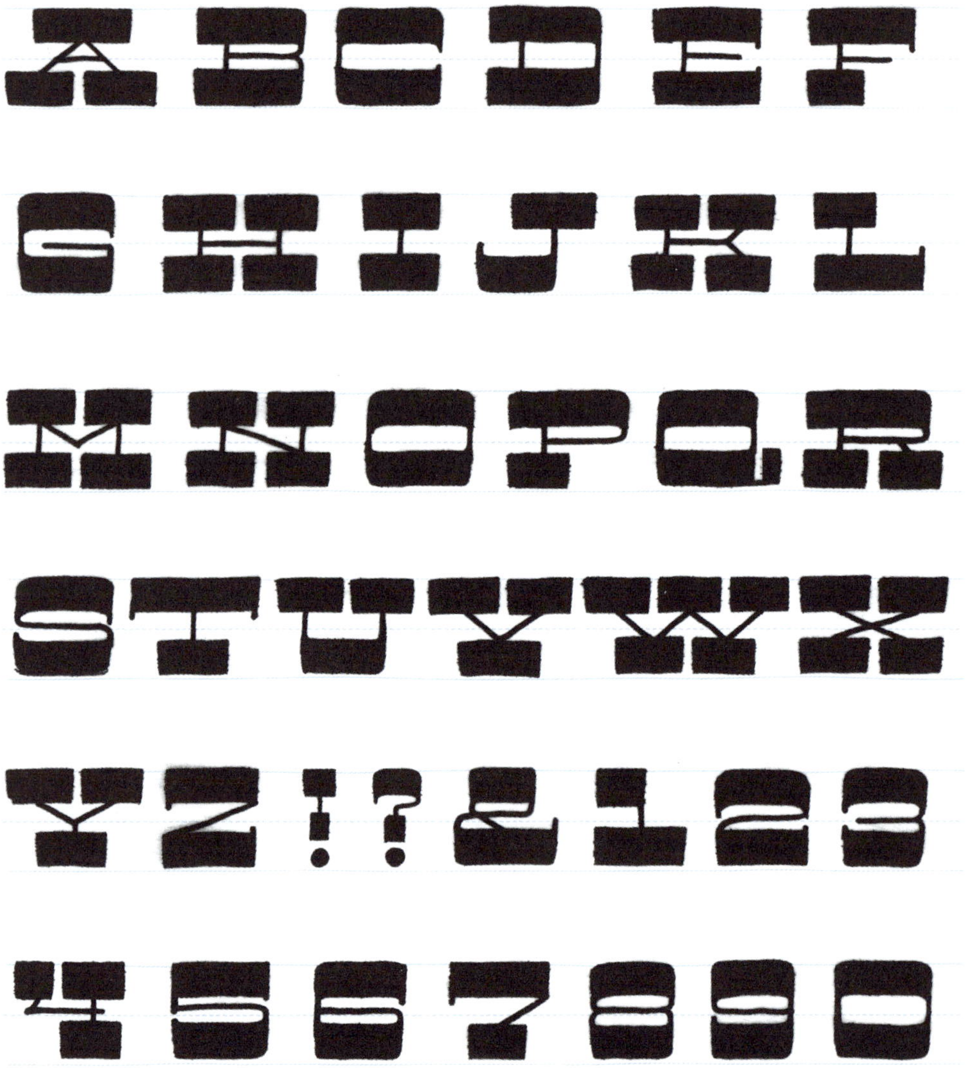

JETZT SIE!

20 FAHRZEUGE

Alexandra Snowdon

STIFT

- Pinselstift

21 NEWFANGLED

Mit ihrem klassischen, ungezwungenen Schriftstil eignet sich „Newfangled" für diejenigen von uns, die sich in der digitalen Welt von heute einen etwas menschlicheren Touch wünschen. Diese Schrift ist perfekt für Schilder und Flyer.

GENERELLE BUCHSTABENKONSTRUKTION

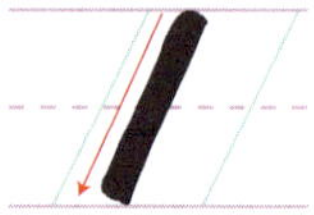

Einen Pinselstift im 45°-Winkel halten, dabei eher mit der Seite als mit der Spitze arbeiten, um eine Parallellinie zur geneigten Bezugslinie zu zeichnen.

Jetzt den ersten Strich des oberen Bauches zeichnen. Bei der Abwärtsbewegung den Druck erhöhen, um den Verlauf der Linie von schmal zu breit zu realisieren.

Diese Linienführung fortsetzen, um den oberen Bauch fertigzustellen.

Die vorherigen beiden Schritte wiederholen, um den unteren Bauch zu gestalten.

A B C D E F

G H I J K L

M N O P Q R

S T U V W X

Y Z ! ? & 1 2

3 4 5 6 7 8 9 0

JETZT SIE!

STIFT

• Fineliner

22 HABERDASHERY

„Haberdashery", der prägnante und stattliche Gentleman, lässt Sie immer gut aussehen. Die feinen Details und der präzise Stil dieser Schrift lassen jeden ins Schwärmen geraten.

GENERELLE BUCHSTABENKONSTRUKTION

Mit einem Fineliner die Grundform zeichnen, dabei die Strichstärke konstant halten.

Serifen ergänzen.

B

Den Buchstaben abschließend mit sehr feinen schraffierten Linien versehen, die als nach rechts unten weisende Schattierung fungieren.

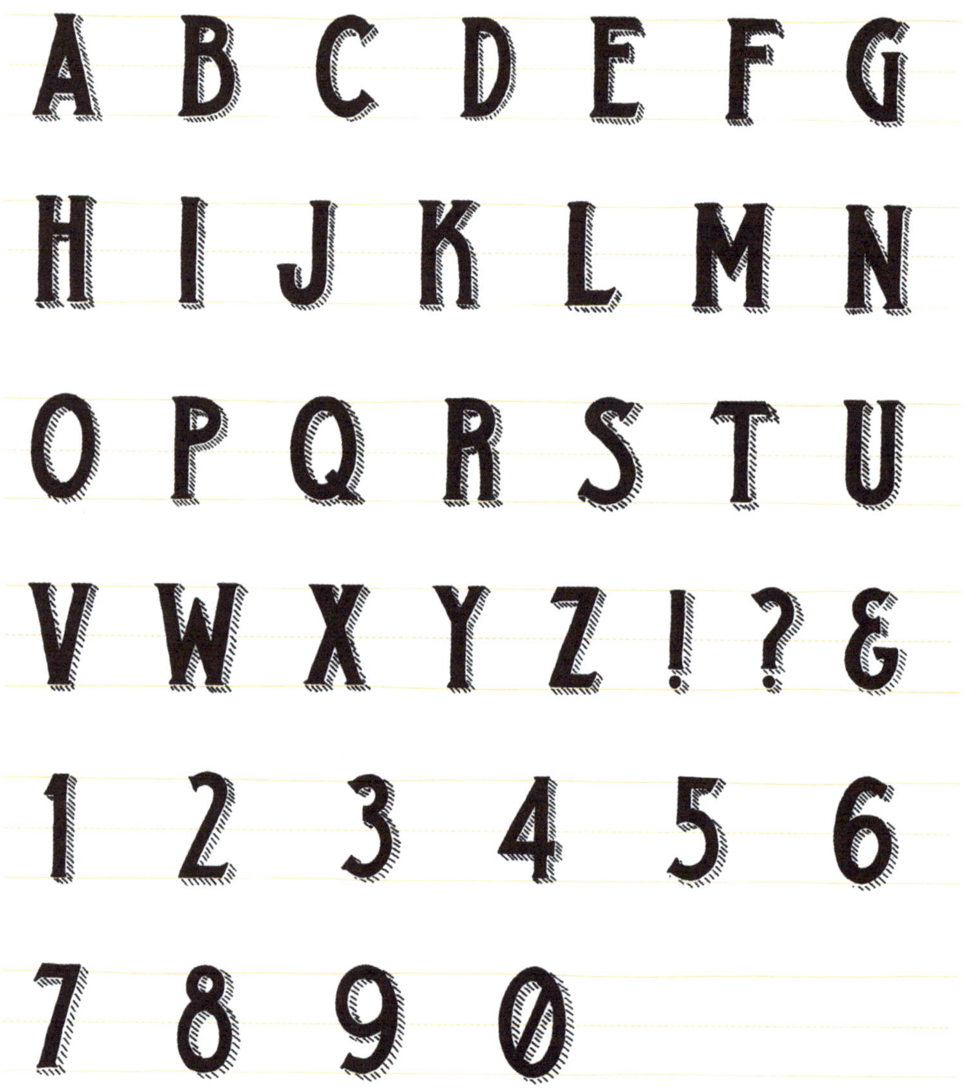

A B C D E F G
H I J K L M N
O P Q R S T U
V W X Y Z ! ? &
1 2 3 4 5 6
7 8 9 0

JETZT SIE!

H

STIFT

- Pinselstift

23 INFERNO

Die „Inferno" macht ihrem Namen alle Ehre. Diese Schrift schreit förmlich: „Vorsicht! Ich bin unglaublich heiß!" Sie verleiht jedem Design einen geheimnisvollen, gruselig-teuflischen Charakter.

GENERELLE BUCHSTABENKONSTRUKTION

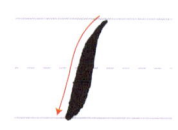

Mit einem Pinselstift den Stamm zeichnen, beim Abstrich mit stärkerem Druck arbeiten, sodass eine breitere Linie entsteht. Dann den Druck kontinuierlich verringern, um die Linie zum Ende hin zu verjüngen.

Die zweite Linie ebenso gestalten, nur ein wenig höher ansetzen, nämlich knapp oberhalb der Versallinie.

Jetzt den Querstrich mit leichtem Winkel zeichnen.

A B C D E F G
H I J K L M N
O P Q R S T U
V W X Y Z ! ?
& 1 2 3 4 5 6
7 8 9 0

JETZT SIE!

H

24 GEBÄUDE

Alexandra Snowdon

  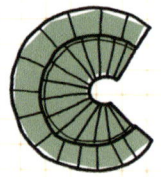   

   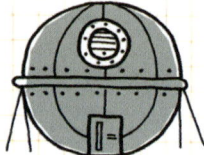 

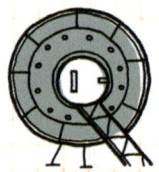  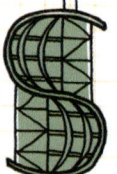  

JETZT SIE!

STIFT

• Fineliner

25 RIBBON

Die „Ribbon" ist ganz eindeutig sehr ausdrucksstark. Sie kann sowohl für festliche Ankündigungen als auch für alltägliche Beschilderungen verwendet werden. Diese „Flatterband-Schrift" soll witzig und akkurat zugleich sein — eine Schrift für jeden Zweck.

GENERELLE BUCHSTABENKONSTRUKTION

Mit einem Fineliner zuerst den Deckstrich des Buchstabens zeichnen. Dann die rechte Seite ergänzen, dabei auf gleichmäßige Breite des Bandes achten.

Die linke Buchstabenseite ergänzen, aber nicht bis auf die Grundlinie.

Jetzt die untere Buchstabenform ergänzen und die linke Seite bis an den Stamm vervollständigen. Die rechte Seite ebenfalls fertigstellen.

Zum Abschluss einen dekorativen Querstrich gestalten.

A B C D E F

G H I J K L M

N O P Q R S

T U V W X Y

Z ! ? & 1 2 3

4 5 6 7 8 9 0

DEN ANSCHEIN VON MEHRDIMENSIONALITÄT ZU ERZEUGEN, KANN SEHR VIEL SPASS MACHEN UND IST EINE EINFACHE METHODE, UM BUCHSTABEN AUFZUPEPPEN.

VERSUCHEN Sie sich doch einmal mit Blockschrift und einer schraffierten Schattierungslinie an einer neuen Perspektive. Die Innenkonturen können komplett gefüllt, gestrichelt, mit Punkten versehen oder gemustert sein, wie immer es Ihnen gefällt.

AUCH mit sehr einfachen Linien kann man einem Buchstaben viel Tiefe und Volumen verleihen. Man kann auch mehrere Schatten übereinanderlegen, um noch mehr Tiefe zu erzeugen.

EIN solider, ausgeprägter Schatten kann einem Buchstaben enorme Dramatik verleihen. Ein starkes Statement! Die Richtungspfeile auf dem Band, die dessen Laufrichtung angepasst sind, geben dem Buchstaben darüber hinaus eine interessante Tiefe.

EINFACHE Linien können viel bewirken. Durch die gestrichelte Linie wird der Eindruck von Schatten innerhalb des Buchstabenbandes erzeugt. Dies ist eine großartige Methode, das Band zum Leben zu erwecken und „flattern" zu lassen.

BELIEBIG lassen sich auch Schatten durch unterschiedliche Strichstärke erzeugen. Wenn sich die Strichstärke verändert, kommt enorm viel „Bewegung" in die Buchstaben. Hier wurde diese Methode bei den Innenlinien angewandt.

STIFT

• Fineliner

GENERELLE BUCHSTABENKONSTRUKTION

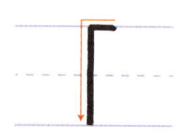

Mit einem Fineliner den oberen Querstrich und die linke Seite zeichnen.

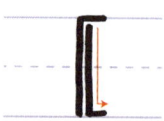

Direkt unterhalb des oberen Querstrichs einen Abstrich parallel zum Stamm zeichnen, dabei den oberen Querstrich nicht berühren. Den unteren Querstrich zeichnen, der aber nicht länger sein darf als der obere.

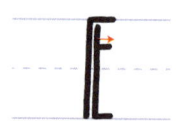

Den mittleren Querstrich ergänzen.

26 ZOE

„Zoe" ist die Frau, die starke, aussagekräftige und beeindruckende Statements abgibt. Sie wird inspiriert von Art-déco-Linien, vom Stil der kecken jungen Mädchen der 1920er-Jahre, die sich gegen die geltende Norm auflehnten. Sie bringt Flair und Stil ins Spiel, wo immer man sie einsetzt.

A B C D E F
G H I J K L
M N O P Q R
S T U V W X
Y Z ! ? & 1 2
3 4 5 6 7 8 9 0

JETZT SIE!

STIFTE

- Fineliner
- Pinsel (alt)

27 BAD LUCK

„Bad Luck" ist voller übler, düsterer Neuigkeiten. In Anspielung auf die Retro-Filmplakate reißerischer Hollywood-Streifen ist diese Schrift perfekt, wenn es mal rau und ungehobelt wirken soll.

GENERELLE BUCHSTABENKONSTRUKTION

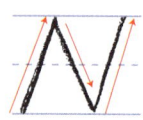

Mit einem Fineliner die Grundform mit leichter Neigung zeichnen.

Mit einem alten, gebrauchten Pinsel und einem Tintentupfer die Grundform des Buchstabens grob nachzeichnen.

Den Buchstaben mit groben, trockenen Strichen nachbearbeiten, um die gewünschte Breite und Strichstärke zu erzielen.

ABCDEF
GHIJKL
MNOPQR
STUVWXY
Z!?&123
4567890

JETZT SIE!

G

28 King Lear

„King Lear" ist nobel genug für Geschichten aus der guten, alten Zeit, die aber nicht unbedingt tragisch enden müssen. Diese Schrift ist eine großartige Wahl für eine exklusive Einladung oder besondere Ankündigung.

KONSTRUKTION DER GROSSBUCHSTABEN

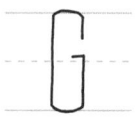

Mit einem Fineliner das Buchstabenskelett zeichnen.

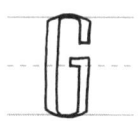

Die Abstriche verstärken.

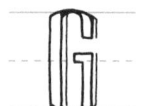

Haarlinien als Schattierung einzeichnen, ebenfalls nur an den Abstrichen.

Abschließend den Buchstaben mit dem Fineliner füllen.

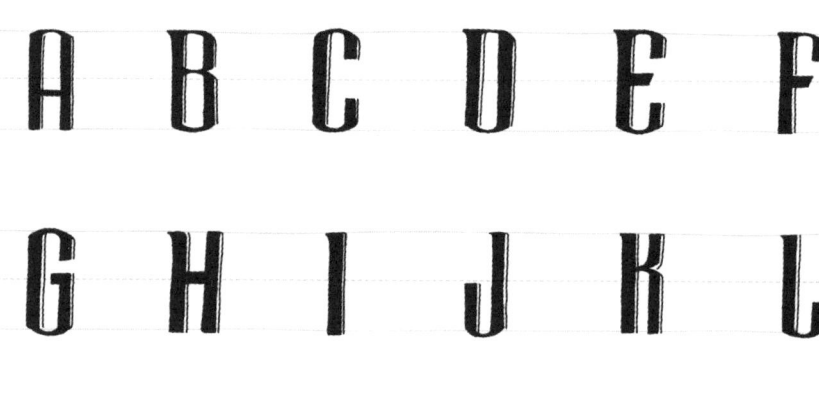

STIFT

• Fineliner

KONSTRUKTION DER KLEINBUCHSTABEN

a b c d e

f g h i j

k l m n o

p q r s t

u v w x y z

6 7 8 9 0

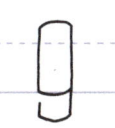

Mit einem Fineliner das
Buchstabenskelett zeichnen.

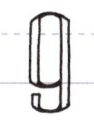

Die Abstriche verstärken.

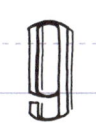

Haarlinien als Schattierung
einzeichnen, ebenfalls nur an den
Abstrichen.

Abschließend den Buchstaben mit
dem Fineliner füllen.

STIFT

• Pinselstift

29 BRUSHSTROKES

Diese dynamische Schrift von Casey Ligon imitiert die forschen Pinselstriche eines Künstlers und haucht so jedem Schreiben Leben ein.

A B C D E F G

H I J K L M N

O P Q R S T U

V W X Y Z ! ? 1

2 3 4 5 6 7 8 9 0

JETZT SIE!

30 SHADOWLANDS

Diese ebenfalls von Casey Ligon kreierte dekorative Schrift ist mit Schnörkeln und hellen, detaillierten Schatten versehen.

ABCDEFGHIJ

KLMNOPQRST

UVWXYZ!?&

1234567890

JETZT SIE!

K.

STIFT

- Fineliner

31 Epic Story

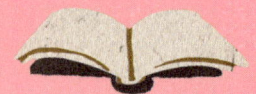

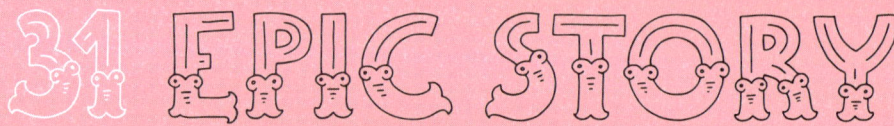

Entworfen als Schrift für Romanzen aus vergangenen Zeiten, muss man bei „Epic Story“ nur an *My Fair Lady* denken, und schon hat man verstanden, worum es hier geht. Olga Zakharova hat diese Schrift für Geschichten mit Happy End konzipiert.

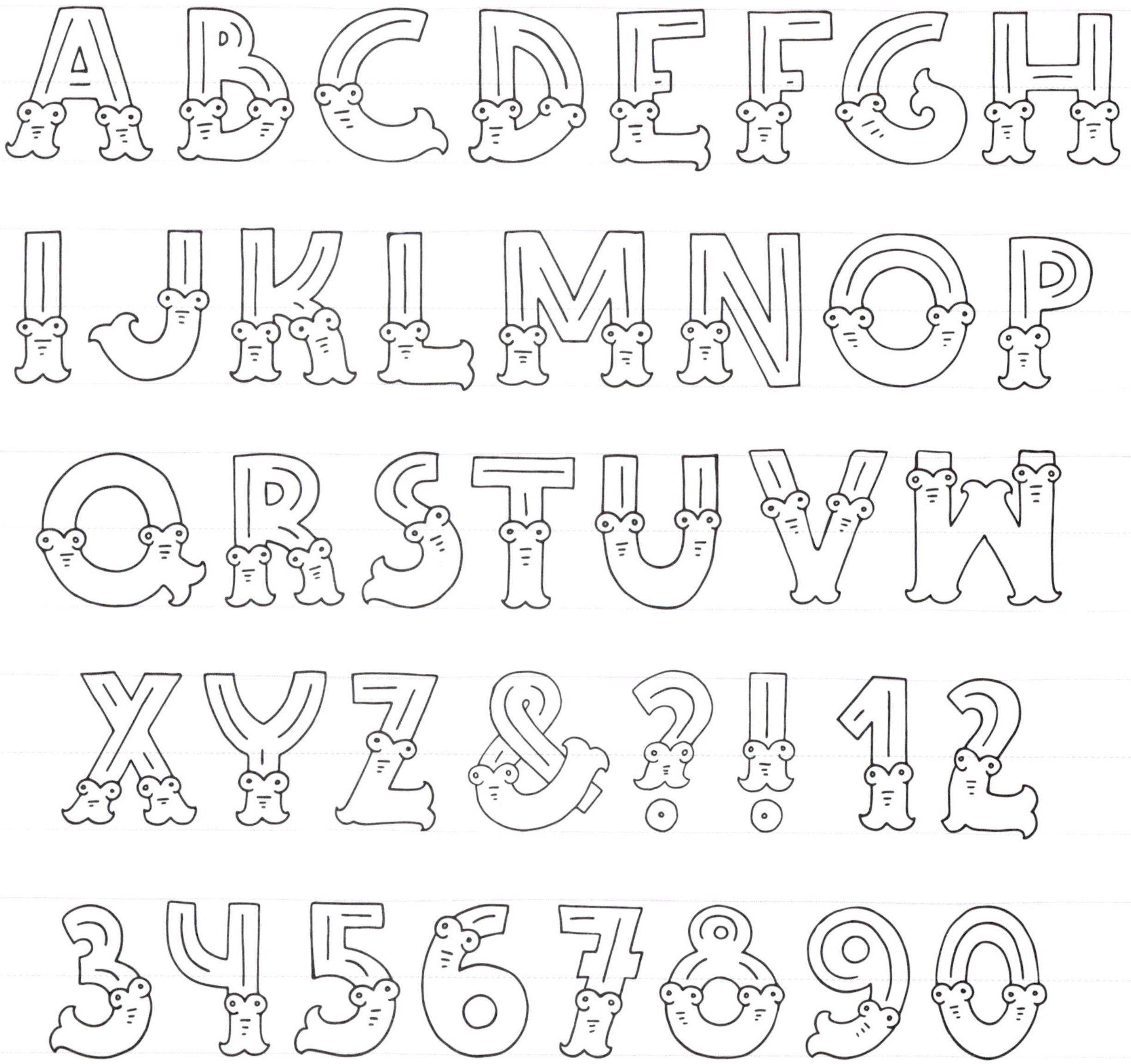

JETZT SIE!

Maggie Sichter

STIFT

- Fineliner
- weißer Fasermaler

33 ASTER

Jill De Haan beschreibt „Aster" als die nette alte Dame von nebenan, die gerne selbst gemachte Marmelade und Bananenbrot verteilt. Sie ist liebenswert, treu und immer bereit, den Nächsten aufzumuntern!

GENERELLE BUCHSTABENKONSTRUKTION

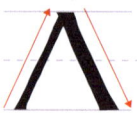

Die Grundform zeichnen, dabei rechts die Linien breiter gestalten.

Den Querstrich zeichnen, dabei die Abstriche dicker ausarbeiten.

Oben und unten Serifen ergänzen.

Die dickeren Bereiche mit Innenlinien versehen.

Die linke Buchstabenseite mit tropfenförmigen Höhungen ergänzen.

A B C D E F
G H I J K L
M N O P Q R
S T U V W X
Y Z ! ? & 1 2 3
4 5 6 7 8 9 0

PUNKTIERTE oder sehr fette Außenlinien können einem Buchstaben eine spaßige Textur verleihen.

DURCH Illustrierung werden Buchstaben zum Leben erweckt!

HIER ist der Buchstabe mit Schnörkeln versehen!

SCHATTIERUNGEN sind vielfältig, und beim Spielen damit lassen sich tolle Effekte erzielen.

STIFT

- Fineliner

34 RAVAL GOTHIC

Dieser von den Schildern im alten Stadtviertel Raval in Barcelona inspirierte Schriftzug bringt uns zurück in die 1960er-Jahre, als alles – auch die Schrift – sehr viel einfacher war. Er vermittelt die kräftige Wärme der Zeiten vor der Digitalisierung. Dieses Alphabet ist von Ivan Castro.

GENERELLE BUCHSTABENKONSTRUKTION

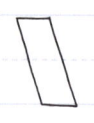

Den breiten Stamm zeichnen. Seine Breite sollte ein Drittel der Buchstabenhöhe betragen. Darauf achten, welcher Buchstabenstamm dick und welcher dünn sein muss (siehe Vorlage rechts).

Dann die schmalen Stämme zeichnen. Sie sollten halb so breit sein wie der breite Stamm. Sicherstellen, dass zwei aufeinandertreffende Stämme sich immer überlappen. Schmale Verbindungen vermeiden.

Es können dekorative Elemente ergänzt werden, z. B. Serifen, Punkte oder Linien (dazu mehr auf der kommenden Seite).

Zum Schluss den Buchstaben füllen.

ABCDEFG
HIJKLMNO
PQRSTUV
WXYZ!?&
12345678
90

SIE KÖNNEN GANZ NACH
BELIEBEN DEKORATIVE
ELEMENTE IN DIE HAUPT-
STRUKTUR DES BUCHSTABENS
EINFÜGEN, ABER VERGESSEN
SIE EINE REGEL NICHT:
ÜBERLADEN SIE NICHT,
SCHAFFEN SIE KEIN CHAOS,
SONDERN VERSUCHEN SIE,
DIE SCHLICHTHEIT DES
BUCHSTABENS ZU WAHREN.

BLOCK-SERIFEN, Schlagschatten und Muster im
Buchstabeninneren sind nur einige der vielen Möglichkeiten.

ES GIBT viele dekorative Motive, die Sie in die Buchstaben einfügen können, ohne sie
zu überladen: Innenlinien, Streifen und Sterne, um nur einige zu nennen. Wenn die Muster
negativ sein sollen, müssen Sie vor dem Füllen deren Außenkonturen zeichnen.

STIFT

• Fineliner

35 SAILOR TATS

Stellen Sie sich vor, Sie sind ein Seemann in den 1940er-Jahren und Ihr Schiff ist unterwegs nach Honolulu. Stellen Sie sich dann vor, was Sie dort vorzufinden hoffen – möglicherweise etwas, womit Ihre Mutter gar nicht einverstanden wäre .. Aber das bedeutet ja nicht, dass man nicht ein kleines, auf der Haut verewigtes Souvenir mit nach Hause bringen kann. Ivan Castro hat diese Schrift gestaltet.

GENERELLE BUCHSTABENKONSTRUKTION

Die Grundstruktur des Buchstabens mit Fineliner zeichnen, dabei auf die korrekte Position von breitem und schmalem Stamm achten, um einen guten Kontrast zu erzielen.

An den Strichenden kurvige, zweiteilige Serifen ergänzen.

In der Mitte der Stämme Beugungen (Spikes) hinzufügen - einerseits als Dekoration, andererseits um den Querstrich zu formen.

Den breiten Stamm füllen.

A B C D E F
G H I J K L
M N O P Q
R S T U V
W X Y Z !
? & 1 2 3 4
5 6 7 8 9 0

EXPERIMENTIEREN Sie mit der
Strichstärke. Sie können auch die
Verbreiterung der Stämme weglassen, um
so eine Alternative mit gleichmäßiger
Strichstärke zu kreieren.

SAILOR'S

GRAVE

SPIELEN Sie mit der Füllung der
breiten Buchstabenkomponenten. Sehr
dekorativ ist z. B. das Füllen von unten
nur bis zum Querstrich.

IN KOMPOSITIONEN können
Sie kleine nautische Elemente einfügen,
wie Anker, Wellenlinien, Sterne oder Ruder.
Aber vergessen Sie nie, die Elemente
einfach und klar einlinig zu halten.

STIFT

• Fineliner

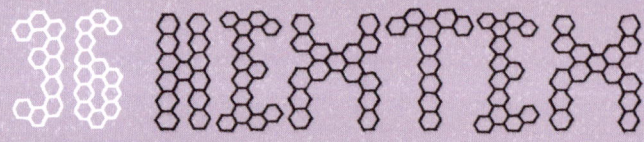

„Hextex" orientiert sich an den hübsch gestalteten Sinnsprüchen auf Kacheln, die man in Eingangsbereichen von Coffee-Shops oder zu Hause bei Freunden findet. Die skurrilen Buchstaben im Baukastenprinzip eignen sich für Schaufensterplakate oder Party-Einladungen.

GENERELLE BUCHSTABENKONSTRUKTION

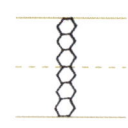

Mit einem Fineliner den Buchstabenstamm aus sechs möglichst gleich großen Sechsecken zeichnen.

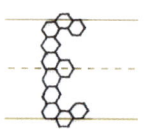

Beim Zeichnen des Querstrichs die Anordnung der Sechsecke berücksichtigen, um den Querstrich passgenau einzufügen und die Formen zu gestalten.

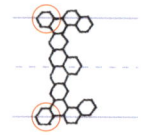

An den Stammenden sechseckige Serifen als Dekoration ergänzen.

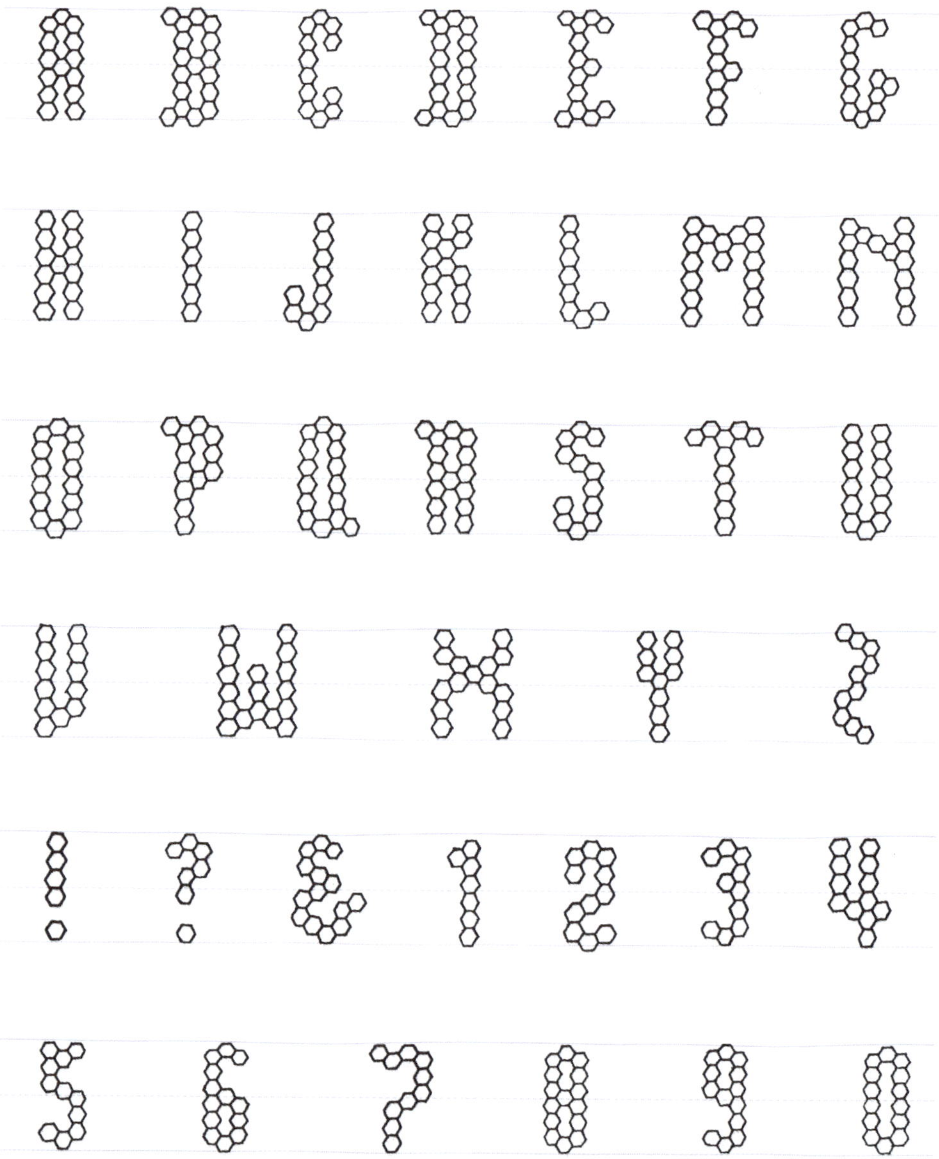

37 ICING

Marketingdesigner nutzen diese lustigen vereisten Buchstaben für die Beschriftung von Eismaschinen oder ähnlich frostigen Geräten. Sie können „Icing" aber auch für jede winterliche Graphik oder als Symbol für Eis oder Gefrorenes verwenden.

STIFTE

- Bleistift
- Fineliner

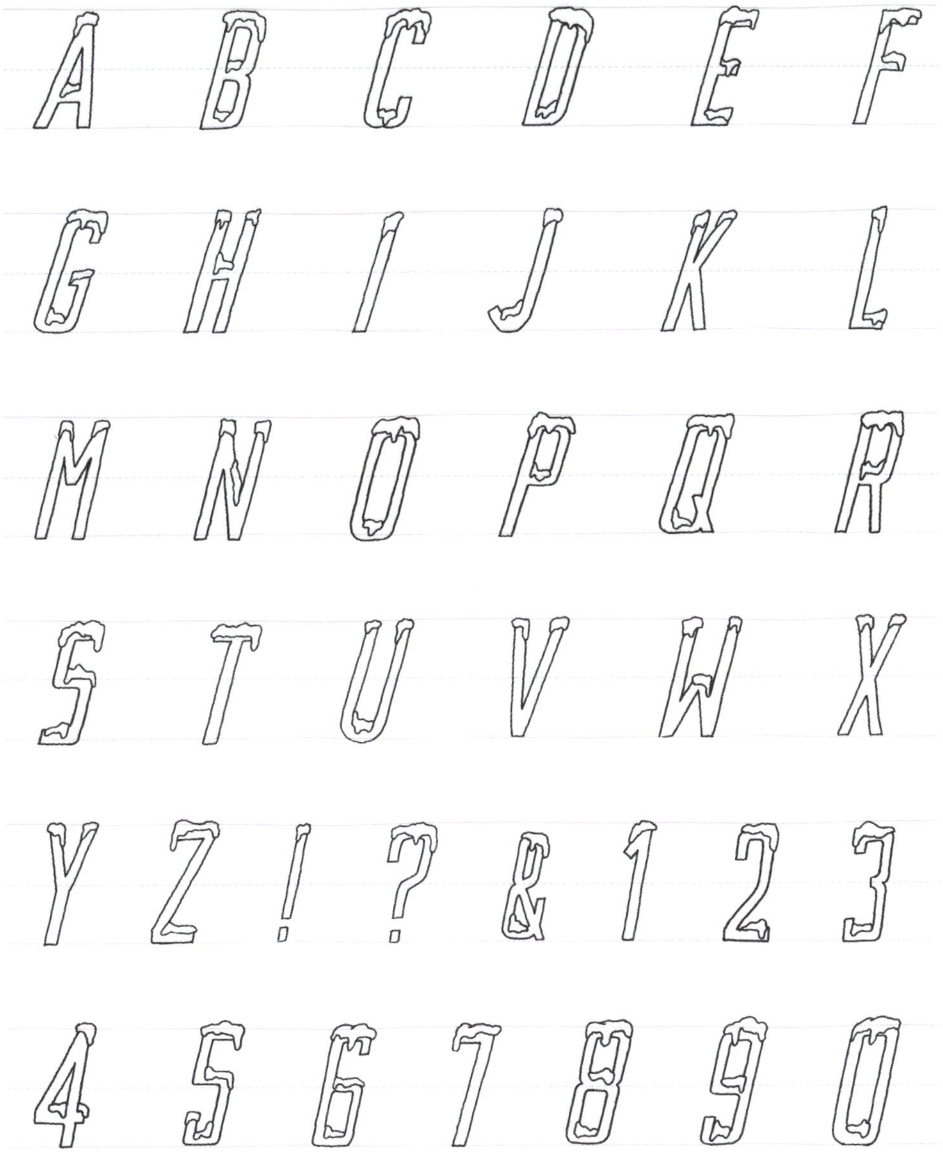

GENERELLE BUCHSTABENKONSTRUKTION

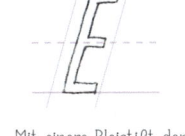

Mit einem Bleistift den Buchstaben skizzieren. Eine beliebig starke Neigung wählen.

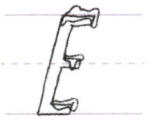

Kleine Schneehaufen auf dem Buchstaben hinzufügen, wo immer sie üblicherweise zu liegen kämen. Dabei unterschiedliche Varianten ausprobieren, damit es natürlicher aussieht.

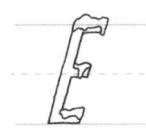

Den Buchstaben mit Fineliner füllen. Darauf achten, dass keine Buchstabenlinien durch die Schneehaufen verlaufen.

A B C D E F
G H I J K L
M N O P Q R
S T U V W X
Y Z ! ? & 1 2 3
4 5 6 7 8 9 0

STIFTE

- Bleistift
- Fineliner

„D'OH!" ist eine herrlich verspielte Hommage an den Donut-Liebhaber Homer Simpson. Ganz klar, dass sich diese Schrift wunderbar für die nächste Donut-Party eignet oder auch als lustiges Cover für ein Fotoalbum.

GENERELLE BUCHSTABENKONSTRUKTION

Den Buchstaben mit Bleistift sehr rund und prall zeichnen.

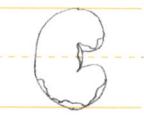

Den Buchstaben „einfrieren". Dadurch entsteht Volumen. Den Neigungswinkel des Buchstabens berücksichtigen, um die eisigen Tröpfchen korrekt auszurichten.

Streusel hinzufügen! Dabei auf Vielfalt in Größe und Anordnung achten, damit es natürlich aussieht.

Abschließend den Buchstaben mit Fineliner füllen, dabei sich überlappende Linien vermeiden.

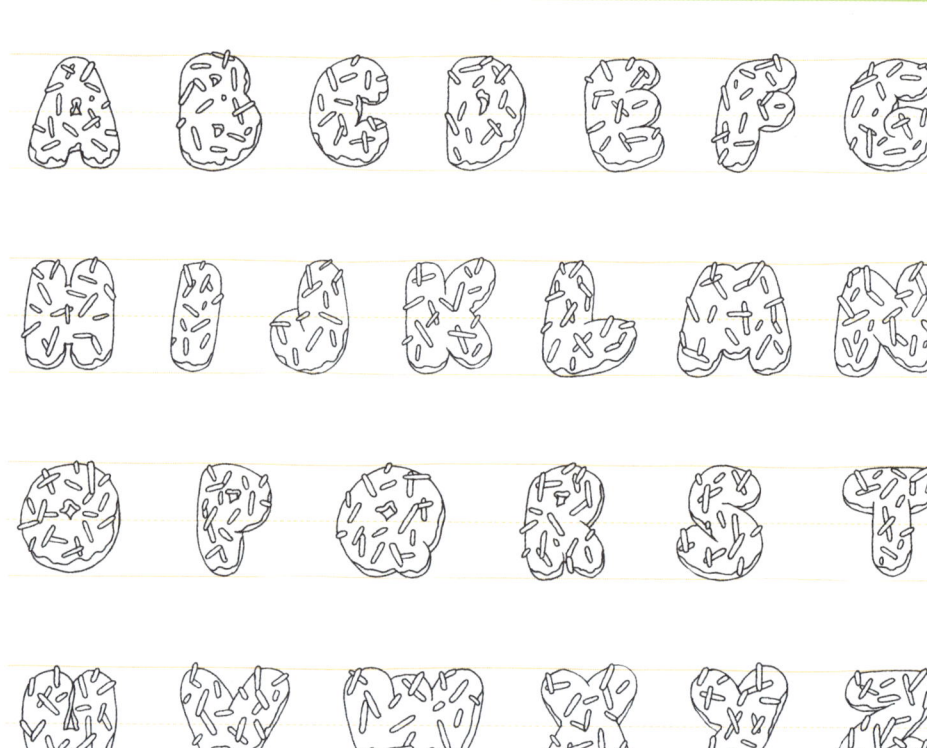

39 SWEET JANE

„Sweet Jane" ist die Lady, die Sie im Süßwarenladen an der Ecke mit all seinen Köstlichkeiten, die hinter ihr in schönster Weise ausgebreitet sind, freundlich grüßt und bedient. Diese Schrift ist perfekt für handgemalte Schilder oder für die Titelkarten Ihrer Kochrezepte.

STIFT

• Fineliner

A B C D E F
G H I J K L
M N O P Q R
S T U V W X
Y Z ! ? & 1 2 3
4 5 6 7 8 9 0

GENERELLE BUCHSTABENKONSTRUKTION

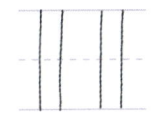

Mit Fineliner die Seitenlinien der Buchstabenstämme zeichnen.

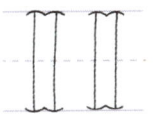

Dekorative Serifen hinzufügen.

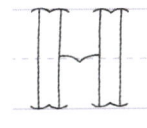

Den Querstrich im Dekorstil der Serifen ergänzen.

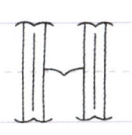

Abschließend einfache Innenlinien einzeichnen.

40 BLUMEN

Maggie Sichter

41 Mamma Mia

Mit der Anspielung auf das Musical und seine fröhlichen, unbeschwerten Songs ist „Mamma Mia" feminin und süß. Perfekt für eine Einladung zu einem Mädelsabend oder auch für die Beschriftung von liebevollen Geschenken.

KONSTRUKTION DER GROSSBUCHSTABEN

Mit einem Fineliner das Buchstabenskelett zeichnen.

Die Strichstärke festlegen. Sie sollte einigermaßen konstant sein mit Ausnahme der Verjüngung am oberen Stammende.

Den Buchstaben mit dem Fineliner füllen.

A B C D E F

G H I J K L

M N O P Q R

S T U V W

X Y Z ! ? &

1 2 3 4 5

STIFT

• Fineliner

KONSTRUKTION DER KLEINBUCHSTABEN

Mit einem Fineliner das
Buchstabenskelett zeichnen.

Die Strichstärke festlegen. Sie
sollte einigermaßen konstant
sein mit Ausnahme der
Verjüngung am oberen
Stammende.

Den Buchstaben mit dem
Fineliner füllen.

a b c d e

f g h i j

k l m n o

p q r s t

u v w x y z

6 7 8 9 0

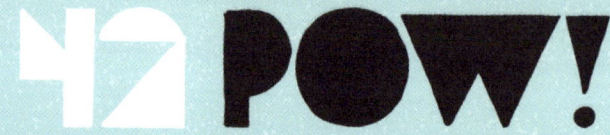

STIFT

- Fineliner

"Pow!" weist eine sehr auffällige Buchstabenform auf und soll förmlich ins Auge springen. Die Schrift eignet sich hervorragend für Einladungskarten zur Retro-Party der 1980er-Jahre oder zur Gestaltung eines Transparents, mit dem Sie Ihr Team beim Sport anfeuern wollen.

GENERELLE BUCHSTABENKONSTRUKTION

Mit einem Fineliner das Buchstabenskelett zeichnen.

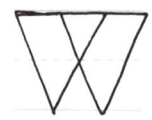

Durch Zeichnen einer horizontalen Linie zwei sich überlappende Dreiecke gestalten.

Den Buchstaben abschließend füllen.

A B C D E F

G H I J K L

M N O P Q R

S T U V W X

Y Z ! ? & 1 2 3

4 5 6 7 8 9 0

JETZT SIE!

STIFTE

- Bleistift
- Fineliner

48 MAUDE

„Maude" weckt Erinnerungen an die Handschrift der Großmutter, an ihre blassrosa Blümchentapete und an den intensiven Duft ihres Parfüms. Halten Sie die Erinnerung wach mit dieser zarten, bezaubernden Schrift.

GENERELLE BUCHSTABENKONSTRUKTION

Mit einem Bleistift die Außenlinie des Buchstabens skizzieren.

Serifen hinzufügen.

Blumendekoration zeichnen.

Die Außenlinie mit Fineliner überall dort nachziehen, wo keine Blumenelemente sind.

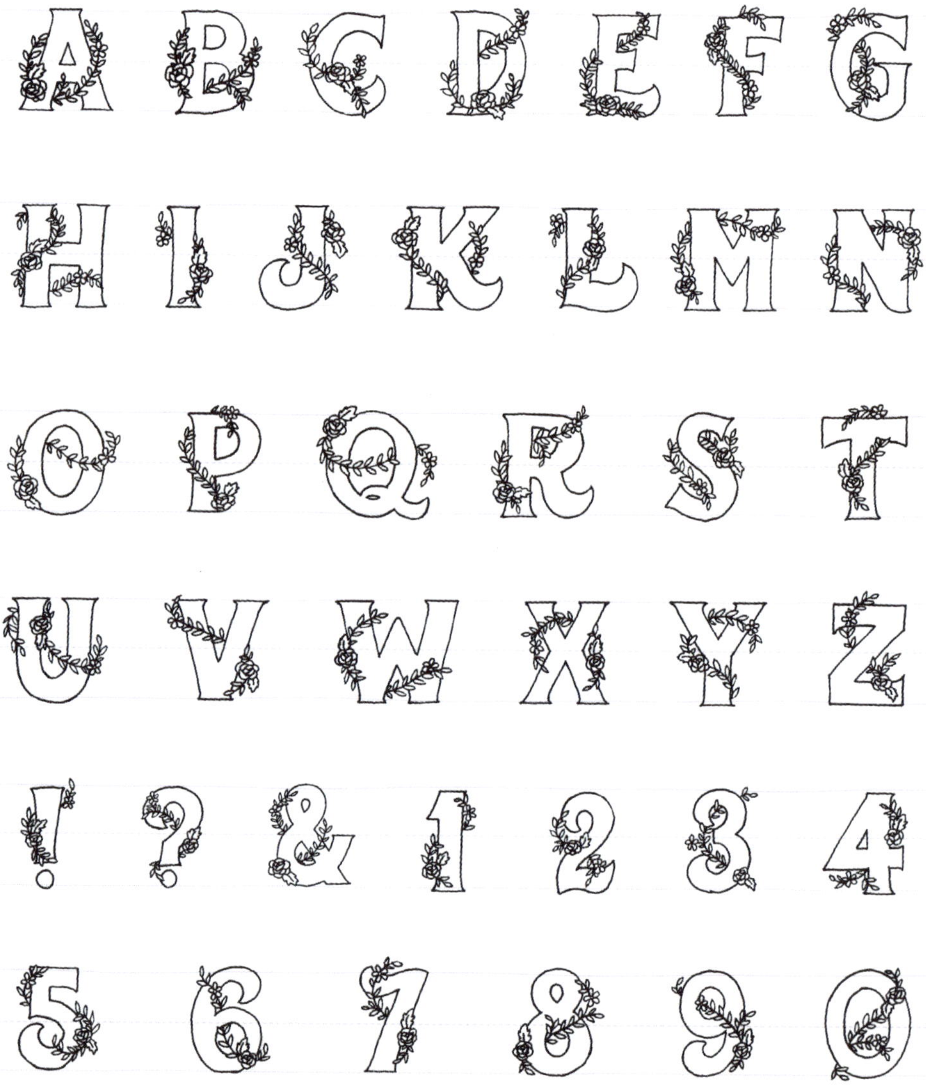

A B C D E F G
H I J K L M N
O P Q R S T
U V W X Y Z
! ? & 1 2 3 4
5 6 7 8 9 0

EINEN BEREITS DEKORIERTEN
BUCHSTABEN NOCH WEITER
AUSZUGESTALTEN, IST EINE
SCHÖNE ÜBUNG FÜR BALANCE
UND DETAIL WENN ES GUT
GEMACHT WIRD, SIND IHRE
BUCHSTABEN NOCH SCHÖNER
UND BLEIBEN TROTZDEM GUT
LESBAR.

VERSUCHEN Sie, in
Ihre Ranken unterschied-
liche Blattformen
einzuflechten, um mehr
Vielfalt zu erzeugen.

VERLEIHEN Sie Ihren Buchstaben mit dekorativen
Elementen zusätzlichen Ausdruck. Solche Elemente sind z. B.
gepunktete Innenlinien oder Linien, die Schatten andeuten.

INTEGRIEREN Sie
eine oder zwei Blütenarten,
um optisch ein Blumen-
bouquet anzudeuten.

DER STIL des Arrangements lässt sich durch die
Wahl der Rankenform leicht verändern. Sie können
verschiedene Formen im selben Arrangement
einsetzen, aber vermeiden Sie Überfrachtung.

44 Ferry

„Ferry" ist wie ein lauer Sommernachmittag am Hafen. Freundlich und sanft haucht diese lässige Schrift jeder handgeschriebenen Notiz und jedem Strandparty-Flyer Leben ein. Die Schrift wurde von Jill De Haan entworfen.

KONSTRUKTION DER GROSSBUCHSTABEN

Mit einem Pinselstift den Großbuchstaben *C* mit der gleichen Neigung zeichnen, die auch die Zeichenlinien aufweisen. Bei den Abstrichen stärker aufdrücken, um die Strichstärke zu intensivieren.

Jetzt den Stamm zeichnen. Konstante Strichstärke bis unten beibehalten.

Den Sporn ergänzen. Er sollte oben breit sein und schmal an der Stelle, wo er an den Stamm stößt.

A B C D E
F G H I J
K L M N O
P Q R S T
U V W X
Y Z ! ? &

KONSTRUKTION DER KLEINBUCHSTABEN

Mit dem Pinselstift einen schmalen, aufwärtsgerichteten Sporn und anschließend einen breiten Abstrich zeichnen.

Den ersten Schritt ein zweites Mal wiederholen.

Und ein drittes Mal.

Abschließend einen dekorativen Sporn ergänzen.

a b c d e f

g h i j k l

m n o p q r

s t u v w x

y z 1 2 3 4

5 6 7 8 9 0

45 TIERE

Amy Rogstad

STIFT

- Marker

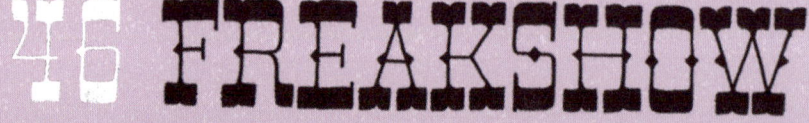

46 FREAKSHOW

„Freakshow" ist gar nicht so freakig und ausgeflippt, sondern erinnert eher an altmodische Eintrittskarten zu Zirkusvorstellungen oder Monstrositätenschauen. Die Botschaft dieser Schrift kann durch Ergänzung spezieller Details noch dramatischer gestaltet werden.

GENERELLE BUCHSTABENKONSTRUKTION

Die Grundform des Buchstabens mit einem Marker zeichnen. Dabei mit der Spitze des Markers arbeiten, damit die Linie schmal wird.

Dekorative Serifen ergänzen, die blockförmig beginnen, dann aber einsinken, wenn die Mitte der Serife auf den Stamm trifft.

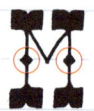

Zusätzlich mit kleinen Rauten an den Stämmen verschönern.

A B C D E F
G H I J K L
M N O P Q R
S T U V W X
Y Z ! ? & 1 2 3
4 5 6 7 8 9 0

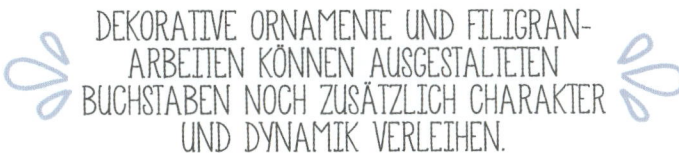

DEKORATIVE ORNAMENTE UND FILIGRAN-
ARBEITEN KÖNNEN AUSGESTALTETEN
BUCHSTABEN NOCH ZUSÄTZLICH CHARAKTER
UND DYNAMIK VERLEIHEN.

ORNAMENTE eignen sich
hervorragend, um den Charakter
hervorzuheben. Arbeiten Sie mit
Ornamenten in oder um einen Buchstaben
herum - oder auch mit beidem, um
dynamische Kombinationen zu kreieren!

KOMPOSITIONEN mit
Filigranarbeiten um die Buchstaben
sind eine schöne Ergänzung. Sie können
sehr aufwendig, aber auch ganz
einfach gestaltet werden.

STIFT

- Fineliner

47 BLING

Bei dieser Schrift geht es ums Protzen. Die kantigen Dimensionen wirken wie in Stein gehauen und verleihen jedem Schriftstück ungeahnte Bedeutung. Gut geeignet für Party-Einladungen oder für Spielgeld.

GENERELLE BUCHSTABENKONSTRUKTION

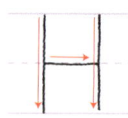

Mit einem Fineliner die Buchstabenform zeichnen.

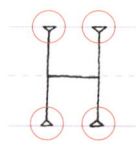

Zur Festlegung der Abmessungen Dreiecke an den Ansatzpunkten des Buchstabens zeichnen.

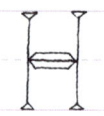

Die Abmessungen des Querstrichs ebenfalls definieren. Er dient als Bezugselement für die Große der Stämme. Zu beachten ist: Die Querstriche für die Winkel und die der Dreiecke müssen identisch sein.

Die Linien für die Stämme ergänzen.

A B C D E F
G H I J K L
M N O P Q R
S T U V W X
Y Z ! ? & 1 2 3
4 5 6 7 8 9 0

JETZT SIE!

STIFT

• Fineliner

48 PICNIC

Wie ein freier Tag im Park! „Picnic" nimmt Sie mit an einen Ort, an dem die Sonne scheint. Sie laufen barfuß im Gras, Sie lachen und sind fröhlich. Olga Zakharova hat diese Schrift entworfen.

A B C D E F

G H I J K L M

N O P Q R S T U

V W X Y Z ? ! &

1 2 3 4 5 6 7 8 9 0

JETZT SIE!

R

STIFTE

- Fineliner
- Weißer Fasermaler

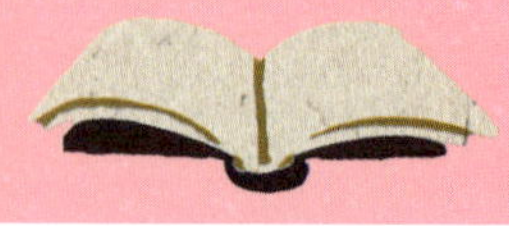

49 CASSETTE

Es leben die Kompaktkassetten der 1970er- und 1980er-Jahre! Mit „Cassette“ wird die Gestaltung eines Album-Covers oder das Design eines Event-Posters zum Vergnügen.

GENERELLE BUCHSTABENKONSTRUKTION

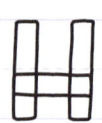

Mit einem Fineliner die Außenlinien des Buchstabens zeichnen. Achten Sie darauf, dass sich der Querstrich unterhalb der Mittellinie befindet.

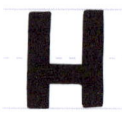

Den Buchstaben füllen.

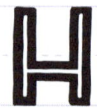

Für die Fertigstellung des Buchstabens die Innenlinien mit einem weißen Fasermaler ergänzen.

A B C D E F G
H I J K L M N
O P Q R S T
U V W X Y Z
! ? & 1 2 3 4
5 6 7 8 9 0

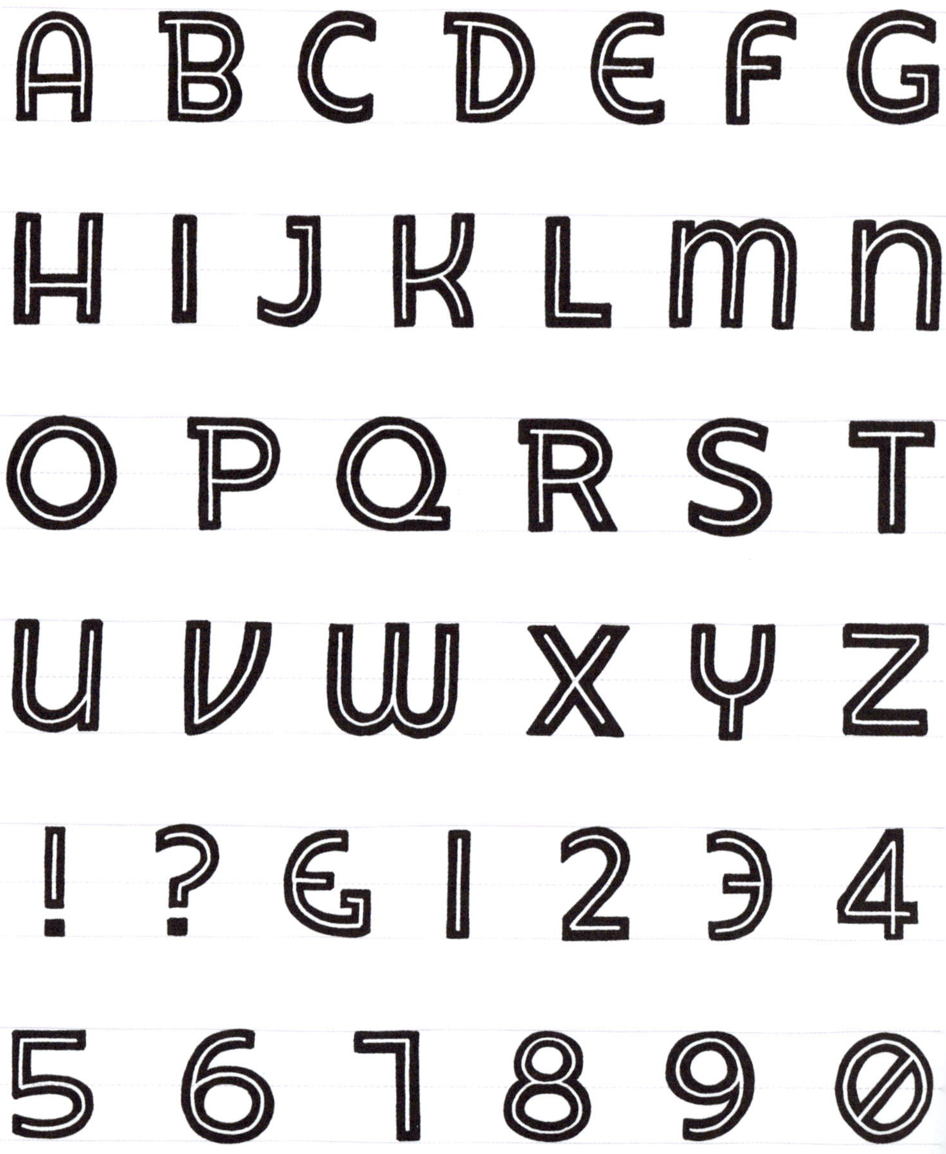

JETZT SIE!

50 LEBENSMITTEL

Olga Zakharova

INTERPUNKTION

Dieser Abschnitt stellt eine Vielzahl von Akzenten in ausgewählten Schriften dieses Buches vor, damit Sie Wörter in unterschiedlichen Sprachen schreiben können. Auch einige geläufige Satzzeichen sind vertreten. Am linken Rand eines jeden Zeichensatzes wird die Schrift genannt, für die die jeweiligen Zeichen kreiert wurden.

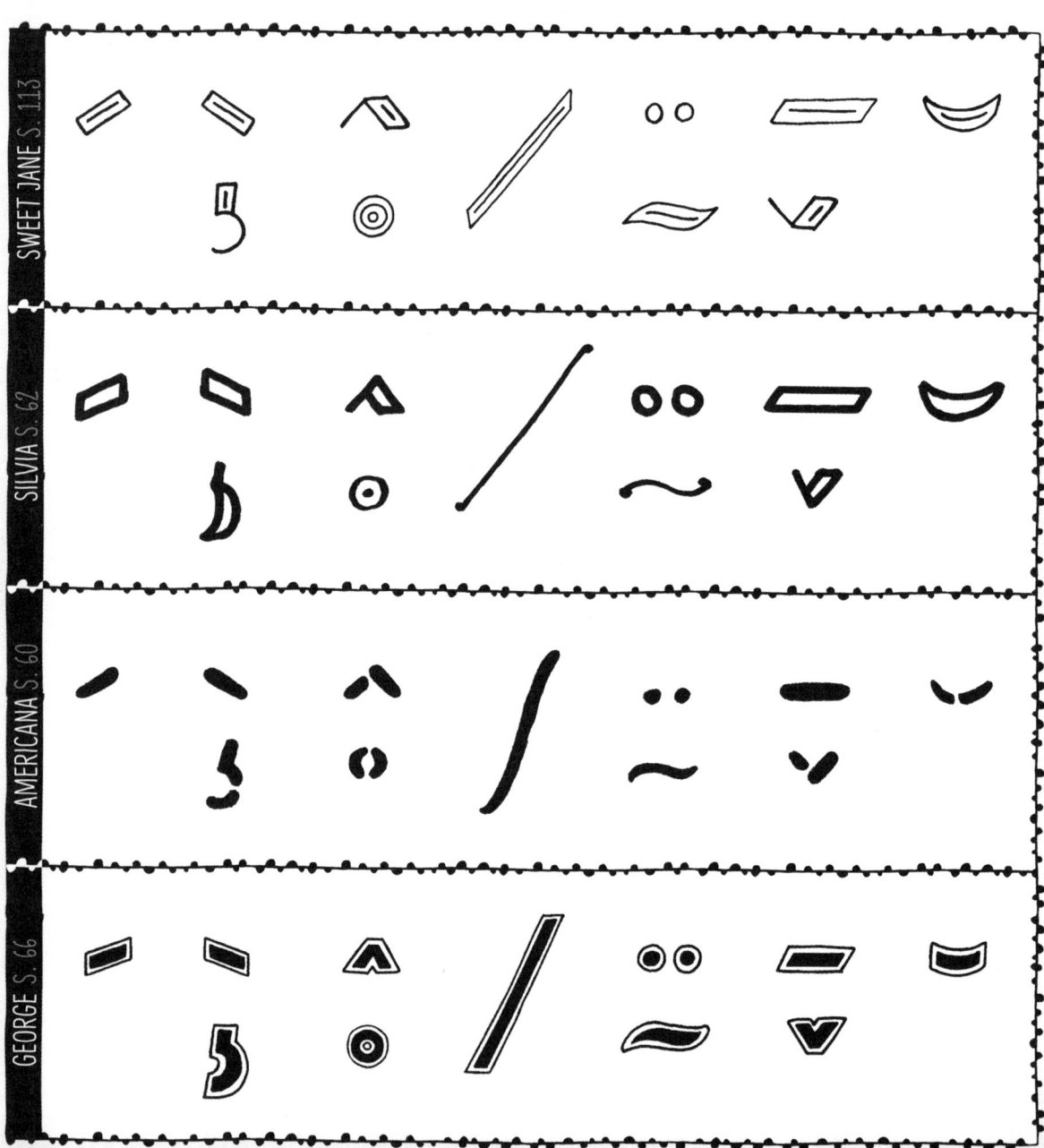

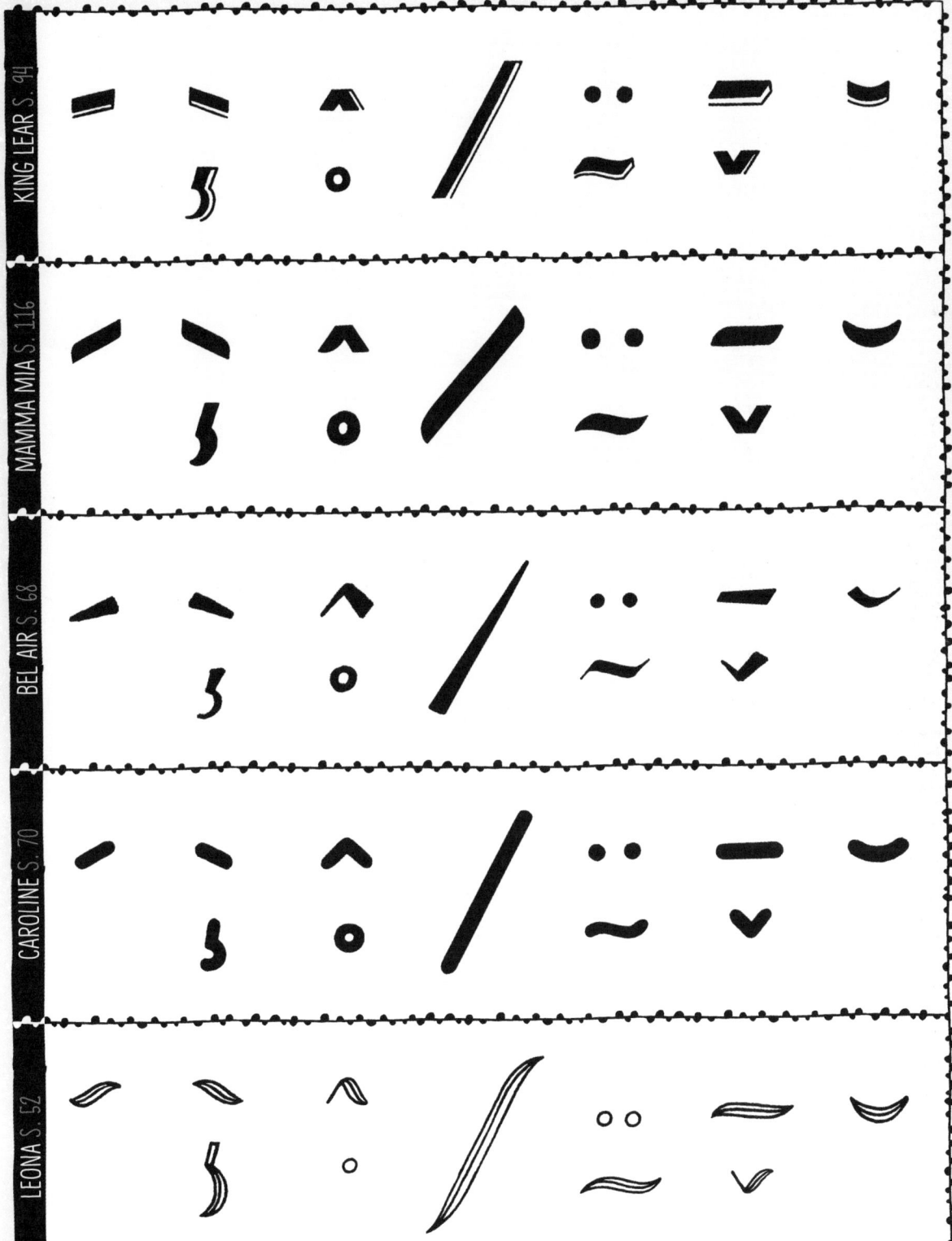

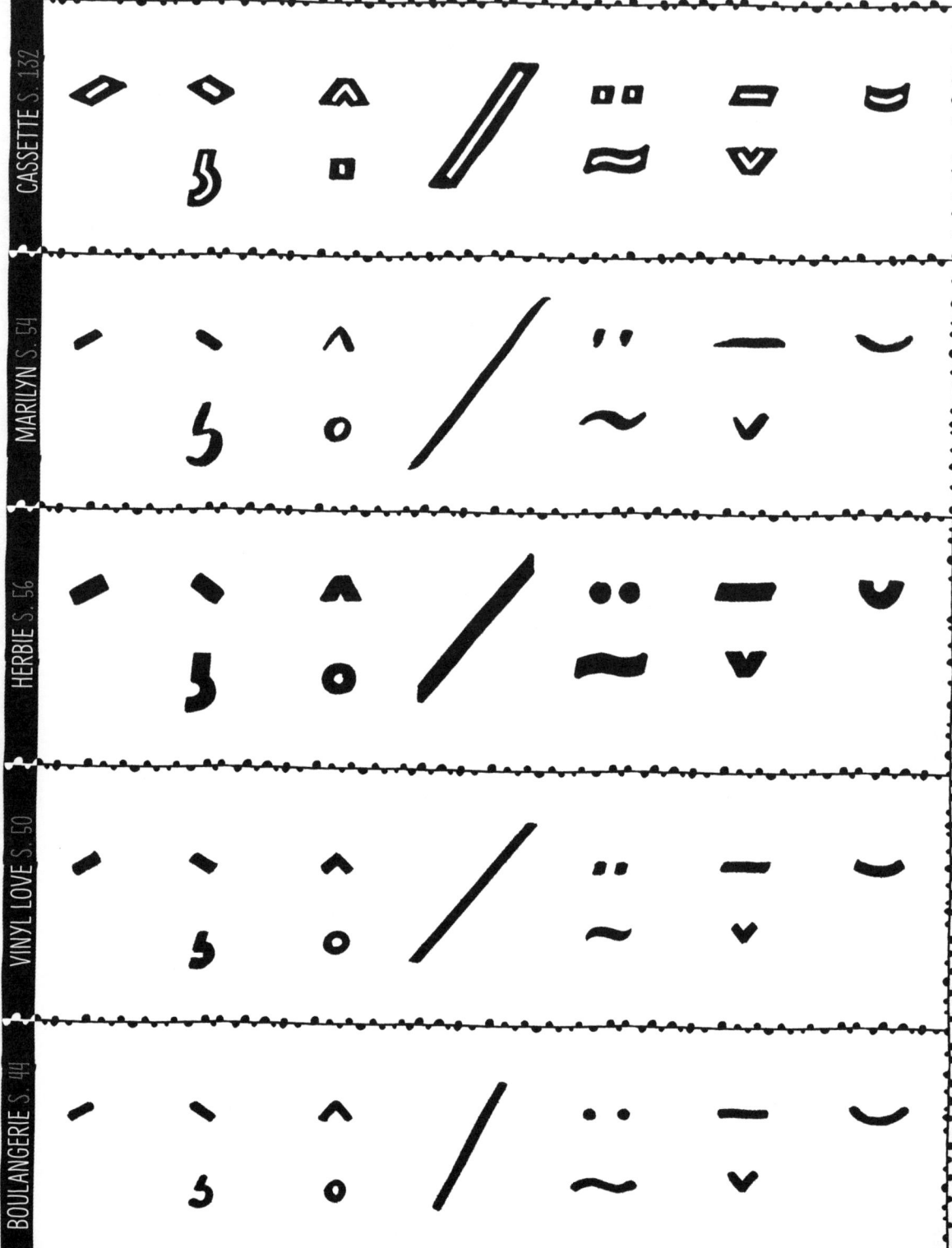

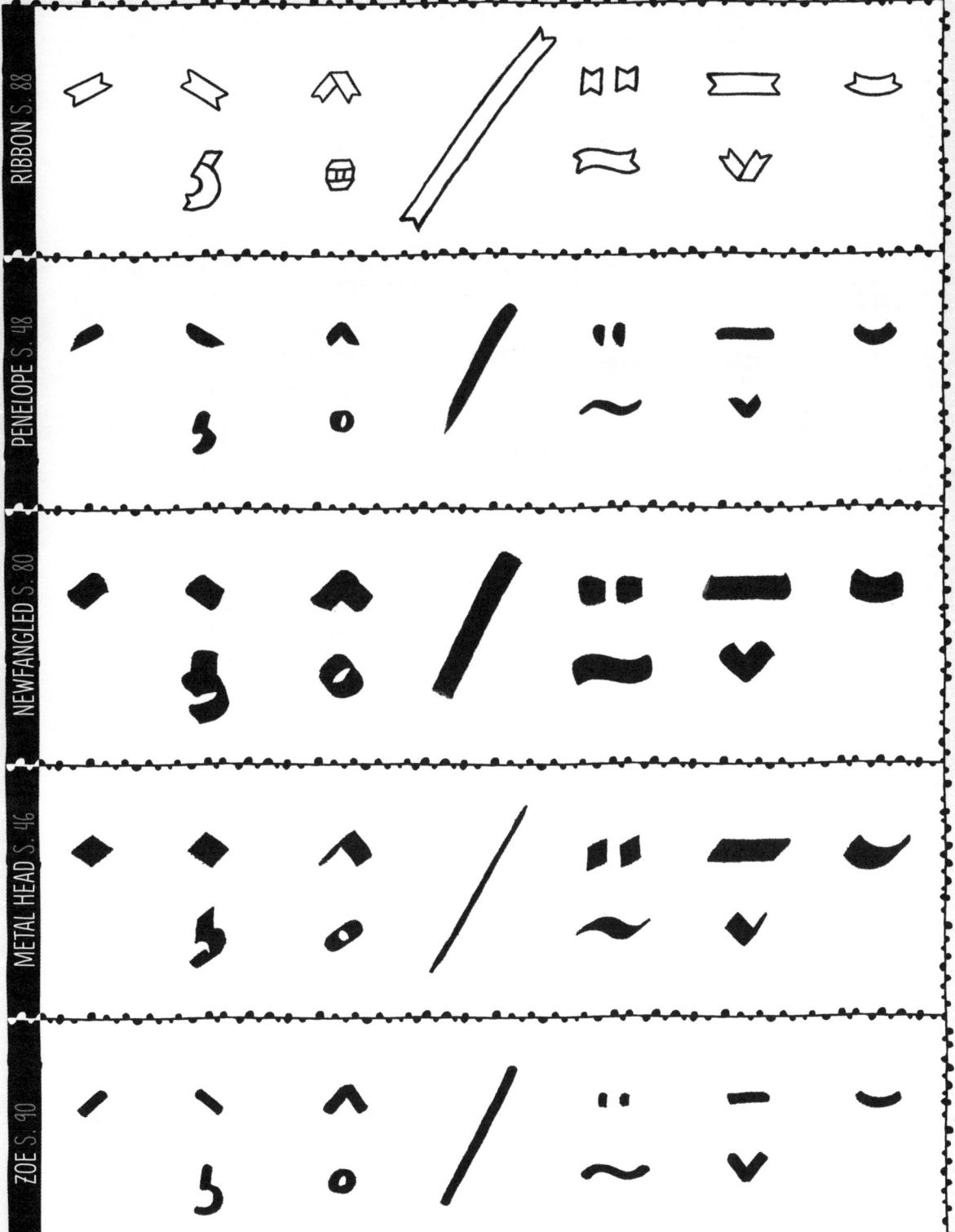

BETEILIGTE KÜNSTLER

IVAN CASTRO

JILL DE HAAN

CASEY LIGON

AMY ROGSTAD

Ivan Castro ist Graphikdesigner in Barcelona. Er hat sich auf Kalligraphie, Lettering und Typographie spezialisiert. Seine Arbeit umfasst alles - von Werbung bis zu redaktioneller Arbeit, vom Verpackungsdesign bis zu Logos und Veranstaltungspostern. Ivan arbeitet seit 15 Jahren auf diesem Gebiet und lehrt seit zehn Jahren nebenbei Kalligraphie und Lettering an den bedeutendsten Designschulen Barcelonas. Er ist viel auf Reisen und veranstaltet Workshops auf Designer-Festivals und Künstlertreffen.

www.ivancastro.es

Jill De Haan ist eine „alte Seele", die es liebt, Taschentücher zu besticken, Tee zu trinken und Second-Hand-Shops unter die Lupe zu nehmen. Sie ist spezialisiert auf Lettering und Illustration und experimentiert gern in diesen Bereichen. Sie lebt mit Ehemann, Sohn und Hund in den Bergen von Utah.

www.jilldehaan.com

Casey Ligon ist Graphikillustratorin und lebt derzeit in Florida. Nachdem sie ihren Bachelor of Fine Arts (BFA) am Ringling College gemacht hatte, begann sie als Werbetexterin bei Hallmark. Später wechselte sie dort in die Marketingabteilung, wo sie traditionelle Techniken der Kalligraphie und des Handletterings erlernte. Heute arbeitet Casey selbstständig in ihrem Studio in Florida. Zu ihren Kunden gehören einige der erfolgreichsten Unternehmen und Werbeagenturen der Welt.

www.caseyligon.com

Amy Rogstad ist tagsüber Graphikdesignerin und nachts Illustratorin. Zurzeit lebt sie in Minneapolis. Anfangs verkaufte sie ihre wundervollen Illustrationen online neben ihrem Job. Sie kreiert einzigartige Illustrationen und fertigt Letterings zum Thema Natur an, außerdem nach Kundenwünschen Aquarellillustrationen, die über ihren Onlineshop erhältlich sind.

www.fercute.com

MAGGIE SICHTER

ALEXANDRA SNOWDON

ABBEY SY

OLGA ZAKHAROVA

Maggie Sichter ist Illustratorin in Chicago. Sie arbeitete als Art Director in der Start-up-Branche, bevor sie ihre Leidenschaft für das Zeichnen zum Full-Time-Job ausbaute. Sie spezialisierte sich auf Illustrationen für die Bereiche Verpackung, Textilien und Markenentwicklung. Ihre Designs sind unglaublich komplex, detailfreudig und angelehnt an durch die Natur inspirierte geometrische Formen.

www.littlepatterns.com

Alexandra Snowdon ist eine Illustratorin und Graphikerin, die sich auf Handlettering spezialisiert hat. Nachdem sie als Graphikdesignerin die ganze Welt bereist hatte, machte sie einen erstklassigen Abschluss als Illustratorin und gründete ihr eigenes Design-Unternehmen Snowdon Design & Craft, für das sie heute einzigartige, herrliche Drucke und Grußkarten kreiert.

www.snowdondesignandcraft. com

Abbey Sy ist Künstlerin und Autorin. Sie lebt in Manila, wo sie sich auf Handlettering und Reiseillustrationen spezialisiert hat. Derzeit versucht sie, ihre freiberufliche Arbeit mit den Unterrichtsstunden, die sie an Kunstschulen gibt, zu vereinbaren, und fertigt nebenbei eigene Produktlinien. Sie ist immer damit beschäftigt, ihre eigenen Leidenschaften und die anderer zu befeuern, damit „alle immer kreativ sind".

www.artistic-dreams.com

Olga Zakharova stammt aus Russland. Sie ist Illustratorin und Handlettering-Künstlerin und lebt derzeit in Lettland. Sie liebt ihren Ehemann, ihren morgendlichen Kaffee und darüber hinaus die Gestaltung von Schriften. Ihre neueste Leidenschaft ist die Illustration von Stadtplänen.

www.en.zakharovaolga.ru

REGISTER

A

Americana 60-61
Anatomie der Buchstaben
    Achse 30
    Arm 30
    Auge 30
    Auslauf 30
    Bauch 30
    Diagonale 30
    Geschlossene Punze 30
    i-Punkt 30
    Kurve 30
    Ligatur 30
    Oberlänge 30
    Offene Punze 30
    Querstrich 30
    Scheitel 30
    Schulter 30
    Schwanz 30
    Sporn 30
    Spitze 30
    Stamm 30
    Terminal 30
    Typographisches Zeichen 30
    Unterlänge 30
Aquarellfarben 41
Asgard 64
Aster 104-105
Asymmetrische Komposition 35
Außenlinie 39

B

Bad Luck 92-93
Bel Air 68-69
Bezugslinien 32
    Geneigte Zeichenlinien 32
    Zeichenlinien 32
Biernat, Tomasz
    El Señor es mi Pastor 13
    Jesus es el Camino 13
Biersack, Scott
    New York City 11
Bleistifte 28
Bling 128-129
Blumen 39, 114-115
Boulangerie 44-45
Brushstrokes 96-97
Buntstifte 41

C

Camp, Noah
    Compare and Despair 18
Caroline 70-71
Cassette 132-133
Castro, Ivan 140
    El Bandarra 14
    Raval Gothic 106-107
    Sailor Tats 108-109
    Viejovenes 14

D

D'Oh! 112
De Haan, Jill 140

    Aster 104-105
    Ferry 122-123
Delosh, Diana
    Flourish 19
Digitales Kolorieren 41
Doc Holliday 76-77

E

Epic Story 100-101
Experimentieren 28

F

Fahrzeuge 78-79
Fantasiefiguren 72-73
Federhalter 28
Ferry 122-123
Filigran 39
Fineliner 28
Flor, Martina
    Ampersand 15
Formen 33
Freakshow 126-127
Füllen 40
Füllfederhalter 28

G

Gebäude 86-87
George 66-67

H

Haberdashery 82-83
Handlettering 26
Hello From ... 65
Herbie 56-57
Hextex 110
Holzbleistifte 28

I

Icing 111
Inferno 84-85
Innenlinie 39
Interpunktion 136-139

J

Jones, Jonelle
    A Ship is Safe in Harbor 20

K

Kalligraphie 26
King Lear 94-95
Kolorieren 41
    Aquarellfarben 41
    Buntstifte 41
    Digital 41
Kontraste 31, 37
Kontrastieren 37
    Charakteristika
    kombinieren 36
    Tipps 36
    Variation innerhalb eines
    Schriftstils 37

L

Layout 34
  Asymmetrische
    Komposition 35
  Große Dimensionen 34
  Tipps 35
  Übersichtlichkeit 34
  Viele Informationen
    unterbringen 35
Lebensmittel 134-135
Leona 52-53
Lettering-Methoden
  kombinieren 36
Ligon, Casey 140
  Brushstrokes 96-97
  Shadowlands 98-99

M

Mamma Mia 116-117
Marilyn 54-55
Marker 28
Marlow, Erin
  Harvest 18
Maude 120-121
Metal Head 46-47
Minenbleistift 28
Monster 102-103
Motive 39
Mullen, Michael
  Iconic New York Taxi 16

N

Nachzeichnen 40
Newfangled 80-81

P

Papier 28
Pauspapier 28, 33
Penelope 48-49
Picnic 130-131
Pillar 74
Pinsel 28
Pinselstifte 28
Pow! 118-119
Proportionen 32

R

Radierer 28
Raval Gothic 106-107
Ribbon 88-89
Robotype 75
Rogstad, Amy 140
  Fantasiefiguren 72-73
  Tiere 124-125

S

Sailor Tats 108-109
Schattierung 38
  Lineare Schattierung 38
  Schattierung innerhalb der
    Buchstaben 38
Schreibfeder 28

Serifenlos 31
Serifen 31
  Serifen ergänzen 33
Shadowlands 98-99
Sichter, Maggie 141
  Blumen 114-115
  Monster 102-103
Silvia 62-63
Skerratt, Emma
  Saltine Theatre Thank You
  Card 17
Snowdon, Alexandra 141
  Fahrzeuge 78-79
  Gebäude 86-87
  Home Is Where You Park
  It 21
  Make the Rest of Your Life
  the Best of Your Life 22
Space 58-59
Spationierung 33
Stifte und Zubehör 28-29
Strichstärke 31, 33
Sweet Jane 113
Sy, Abbey 141
  Pillar 74
  Robotype 75

T

Textur 39
Tiere 124-125
Tintenfässchen 28
Tüpfeln 38
Typographie 26

V

Variation innerhalb eines
  Schriftstils 37
Verfeinern 33
Verzierungen 38-39
Vinyl Love 50-51

W

Wöhrmann, Petra
  Handlettering Workshop 19

Z

Zakharova, Olga 141
  Amazing World 23
  Epic Story 100-101
  Lebensmittel 134-135
  Map of London 10
  Picnic 130-131
Zeichenlinien 32
Zirkel 28
Zoe 90-91

DANKSAGUNG

Wir bedanken uns bei den nachfolgend genannten KünstlerInnen für die Genehmigung, ihre Werke in diesem Buch abbilden zu dürfen:

- Alex Hubenow/Shutterstock.com, S. 27 o/m/u
- Biernat, Tomasz, www.tomaszbiernat.us, S. 12, 13
- Biersack, Scott, www.scottbiersack.com, S. 11
- Callahan/Shutterstock.com, S. 27 o/r/u
- Camp, Noah, www.letteringcamp.com, S. 18 o/u
- Castro, Ivan, www.ivancastro.es, S. 14 o/u
- Chelsea Scanlan Photography, www.chelseascanlan.com, S. 6 o/u
- David P. Smith/Shutterstock.com, S. 27 u/l/o/o
- Delosh, Diana Ting, http://dianadelosh.com, S. 19
- Emka74/Shutterstock.com, S. 27 u/r/o
- Emka74/Shutterstock.com, S. 27 u/l/m
- Flor, Martina, www.martinaflor.com, S. 15
- J.D.S/Shutterstock.com, S. 27 o/m/o
- Jones, Jonelle, www.jonellejones.com, S. 20
- Jorome/Shutterstock.com, S. 27 u/m/m
- LittleMiss/Shutterstock.com, S. 27 o/l/u
- Mr Doomits/Shutterstock.com, S. 27 u/l/u
- Mr Doomits/Shutterstock.com, S. 27 o/r/o
- Mullan, Michael, www.mullanillustration.com, S. 16
- Nrey/Shutterstock.com, S. 27 u/r/o
- Pio3/Shutterstock.com, S. 27 u/m/u/u
- PremiumVector/Shutterstock.com, S. 27 u/m/o
- Robnroll/Shutterstock.com, S. 27 u/l/u/u
- Skerratt, Emma, www.emmaskerratt.co.uk, S. 17
- Snowdon, Alexandra, www.snowdondesignandcraft.com, S. 22
- TfoxFoto/Shutterstock.com, S. 27 o/l/o
- Thinglass/Shutterstock.com, S. 27 o/m/m
- Wöhrmann, Petra, www.petrawoehrmann.com, S. 19 o
- Zakharova, Olga, http://en.zakharovaolga.ru, S. 10, 23

o: oben, u: unten, m: Mitte, l: links, r: rechts. (z. B.: u/r: unten rechts)